Ciudadanos plurilingües

Esther Nieto Moreno de Diezmas

Ciudadanos plurilingües

Una revisión del estado de la cuestión del
bilingüismo en el seno familiar y
en el sistema educativo

Lausanne - Berlin - Bruxelles - Chennai - New York - Oxford

Bibliographic Information published by the
Deutsche Nationalbibliothek
The Deutsche Nationalbibliothek lists this publication in the
Deutsche Nationalbibliografie; detailed bibliographic data is
available online at http://dnb.d-nb.de.

Library of Congress Cataloging-in-Publication Data
A CIP catalog record for this book has been applied for at the
Library of Congress.

ISBN 978-3-631-89800-0 (Print)
E-ISBN 978-3-631-89801-7 (E-PDF)
E-ISBN 978-3-631-89802-4 (EPUB)
DOI 10.3726/b21271

© 2023 Peter Lang Group AG, Lausanne
Published by:
Peter Lang GmbH, Berlin, Deutschland

info@peterlang.com - www.peterlang.com

All rights reserved.

All parts of this publication are protected by copyright. Any
utilisation outside the strict limits of the copyright law, without
the permission of the publisher, is forbidden and liable to
prosecution. This applies in particular to reproductions,
translations, microfilming, and storage and processing in
electronic retrieval systems.

Dedicatoria

A mi familia, siempre.
A quienes consagran su vida personal, académica y profesional a la promoción del aprendizaje de lenguas.

Agradecimientos

Esta monografía se enmarca dentro del trabajo realizado dentro del grupo de investigación "DiLeAr" (Universidad de Castilla-La Mancha), y los proyectos de I+D financiados por el Ministerio de Economía y Competitividad de España ADiBE ref. RTI2018-093390-B-I00) y Ministerio de Ciencia e Innovación "English immersion as family language policy: strategies, mobilities and investments" (ENIFALPO) (ref. PID2019-106710GB-I00).

Prefacio

La necesidad de formar ciudadanos plurilingües ha constituido una de las principales preocupaciones de la Unión Europea (EU) en los últimos años, como muestra la multitud de proyectos que viene avalando, así como la publicación de un número creciente de recomendaciones sobre el aprendizaje de idiomas y el fomento del plurilingüismo. El dominio de dos o más lenguas se ha considerado fundamental para promover la unidad en un contexto de diversidad lingüística y cultural, al ser una estrategia cardinal conducente a mejorar la cohesión y la movilidad entre los estados miembros, la comprensión mutua y, por ende, a favorecer el crecimiento económico.

Por ello, la adquisición de la competencia plurilingüe constituye una de las competencias clave para el aprendizaje permanente recomendadas por el Consejo Europeo (www.europarl.europa.eu, 2020), puesto que es considerada como una pieza clave para fomentar la realización personal, la empleabilidad, la ciudadanía activa y la inclusión social. Además, el Marco Común Europeo de Referencia para las Lenguas (Consejo de Europa, 2001, 2018) analiza los componentes que definen los niveles de dominio de las lenguas y establece los requisitos de adquisición de la competencia plurilingüe y pluricultural, lo que contribuye a comprender las diversas facetas y habilidades asociadas a esta competencia. Por su parte, la (OCDE, 2018) introduce la conceptualización de la "competencia global", entendida como la capacidad de examinar, comprender e interactuar sobre cuestiones locales, globales e interculturales, y apreciar diferentes perspectivas y visiones del mundo.

Todos estos informes, marcos de evaluación y recomendaciones constituyen instrumentos para fomentar el aprendizaje de lenguas, facilitarlo y guiarlo a nivel institucional e individual. En este contexto de interés y promoción del aprendizaje de lenguas, así como de reflexión sobre la importancia del desarrollo de competencias plurilingües y multiculturales, la educación bilingüe y la educación lingüística temprana ocupan un lugar privilegiado, al ser consideradas como estrategias metodológicas que contribuyen significativamente a la adquisición de lenguas.

Así, la Recomendación del Consejo de 22 de mayo de 2019 relativa a un enfoque global de la enseñanza y el aprendizaje de idiomas (Consejo de la Unión Europea, 2019a) reconoce la eficacia de la enseñanza bilingüe en la que se emplea un idioma extranjero como lengua de transmisión de asignaturas de contenido. De esta manera, promociona el enfoque AICLE (aprendizaje integrado de contenidos y lengua extranjera) y recomienda a los estados miembros el fomento de la investigación en materia de pedagogías innovadoras, inclusivas y multilingües para su aplicación a la enseñanza bilingüe.

El mismo documento subraya la necesidad de mejorar los niveles de adquisición de lenguas extranjeras "mediante la enseñanza de al menos dos lenguas extranjeras desde una edad muy temprana" (Consejo de la Unión Europea, 2019b, p. 15). En este mismo sentido, la Recomendación del Consejo (2019b) relativa a unos sistemas de educación y cuidados de la primera infancia de alta calidad incluye en los apartados d) y e) de la Recomendación 4, la necesidad de "ofrecer oportunidades para la exposición a las lenguas y su aprendizaje en una fase temprana, a través de actividades lúdicas" y fomentar la implantación de "programas infantiles multilingües tempranos" (p. 9)

Este monográfico parte de estos dos marcos que se relacionan con escenarios de aprendizaje más naturales: la enseñanza bilingüe y las prácticas biplurilingües en edades tempranas en el seno familiar. Además, el propósito de este monográfico es, por tanto, abordar la educación bilingüe desde una perspectiva multinivelar y multicontextual teniendo en cuenta la recepción de las políticas institucionales europeas de fomento del aprendizaje de lenguas en dos escenarios: familia y escuela. Esta constituye una perspectiva innovadora de acercamiento al fenómeno del bilingüismo en contextos sociolingüísticos monolingües.

Para ello, la monografía se estructura en tres secciones. En la primera de ellas, se exploran los esfuerzos europeos por establecer marcos, políticas y proyectos que contribuyan al desarrollo de una sociedad de ciudadanos bilingües/plurilingües. De esta manera, se estudia con detalle el plano institucional y las directivas y recomendaciones dirigidas a los estados miembros y a la creación de entornos de tolerancia y aprendizaje lingüísticos y culturales. En la segunda sección del libro, se estudiará la educación bilingüe en el contexto familiar, dentro del marco de una intensificación del apoyo parental en el aprendizaje de lenguas segundas, con el objetivo de alcanzar una adquisición bilingüe de la lengua meta. Finalmente, la tercera sección del libro se dedica a examinar la enseñanza bilingüe en los niveles educativos no universitarios.

La primera sección del libro, titulada "Ciudadanos plurilingües: un objetivo europeo", está integrada por los capítulos 1 y 2. En el capítulo 1, se analiza la construcción europea del aprendizaje de lenguas como prioridad educativa y su vinculación con los conceptos de ciudadanía y ciudadanía global. Se revisan diversos documentos, informes y recomendaciones que marcan las pautas a los estados miembros en lo que respecta a definición, acreditación y evaluación de los niveles de adquisición de la competencia plurilingüe y pluricultural, así como a la inclusión de la competencia multilingüe en los sistemas educativos europeos, dado su consideración de competencia clave para el aprendizaje a lo largo de la vida. En el capítulo 2, se traza un panorama que contribuye a la comprensión de las numerosas iniciativas europeas destinadas a la promoción del plurilingüismo y pluriculturalismo. Entre ellas, el Programa Erasmus+ ocupa un lugar de excepción tanto por la inversión que recibe, como por la diversificación de propuestas que se vinculan a este programa y el número de participantes entre alumnado, profesorado e instituciones. Se realiza también un recorrido por dos proyectos: LISTIAC y MultiMind. Este último aborda el fenómeno del multilingüismo desde una multitud de perspectivas y pone sobre la mesa diversos aspectos hasta ahora prácticamente inexplorados. Por su parte, los trabajos realizados en el seno del Centro Europeo de las Lenguas Modernas (ECLM) proporcionan conocimientos basados en la investigación aplicada a la innovación metodológica en una serie de áreas consideradas clave para contribuir a la excelencia en la enseñanza de lenguas. Entre estas áreas, y, como no podía ser de otra forma, se incluyen el aprendizaje integrado de contenidos y lenguas (AICLE) y el aprendizaje temprano de idiomas, que se perfilan como los intereses de investigación principales en los que se centra la presente monografía. Finalmente, la Plataforma Europea de Educación Escolar, que incluye a la antigua plataforma eTwinning, unifica diversas herramientas e informaciones y pretende desempeñar un papel crucial en la mejora de las metodologías docentes y de los aprendizajes a nivel europeo.

Una vez revisadas las políticas europeas de promoción y apoyo al aprendizaje de lenguas, la segunda sección del libro, titulada "Políticas lingüísticas familiares de apoyo al aprendizaje de lenguas: el bilingüismo no nativo", abarca los capítulos 3 y 4. En el capítulo 3, se aborda la política lingüística familiar como área de investigación; se define, se marcan sus objetivos dependiendo de contextos sociolingüísticos monolingües o multilingües y se analizan las aportaciones de distintos campos de conocimiento (política lingüística, sociolingüística, psicolingüística, antropología, etc.), a la construcción de esta área de investigación de marcado carácter interdisciplinar. También, se repasan los factores internos y externos que modelan las políticas lingüísticas familiares y se enumeran algunas de las prácticas más habituales. Entre ellas, las familias movilizan una serie de estrategias y recursos como apuntar a sus hijos a clases extraescolares, campamentos de inglés y estancias en el extranjero, que requieren de una inversión económica, personal, y muchas veces, emocional considerable.

El capítulo 4 pone el foco en una de estas prácticas: el bilingüismo no nativo. La creación de entornos de inmersión en el hogar constituye un reflejo de la paternidad intensiva y el emprendimiento lingüístico, en un contexto neoliberal de globalización, en el que los individuos deben procurar incrementar su propio valor personal, social y académico para competir en el mercado laboral. El bilingüismo no nativo consiste en que uno o ambos progenitores, con cierto nivel en la lengua extranjera, habla/n a sus hijos en ese idioma emulando los entornos de adquisición lingüística en familias multilingües en las que los padres sí que son hablantes nativos de la lengua que transmiten. Este tipo de bilingüismo no nativo está cobrando fuerza en España y merece un mayor análisis, por lo que en este capítulo se encuadran estas prácticas en marcos conceptuales y se revisan las principales investigaciones realizadas en lo que respecta a las motivaciones, planificación, estrategias, resultados de aprendizaje, amenazas y oportunidades.

La tercera sección del libro se dedica a examinar la enseñanza bilingüe en la escuela a través de los capítulos 5, 6, 7 y 8. En el capítulo 5, se repasa cómo desde finales del siglo XX, las instituciones europeas han apoyado la implementación de la educación bilingüe en los niveles educativos no universitarios como consecuencia del éxito registrado en los programas de inmersión canadienses. Desde que en 1994 se acuñara el término AICLE (aprendizaje Integrado de contenidos y lenguas), la UE ha potenciado el enfoque como guía pedagógica principal en los programas de educación bilingüe. Desde este momento, el número de programas bilingües en la enseñanza primaria y secundaria no ha hecho más que aumentar en el contexto europeo. También en España, según el informe "Curso escolar 2022-2023" emitido por el Ministerio de Educación y Formación Profesional, la implementación este enfoque, basado en la impartición de asignaturas en una lengua extranjera, se incrementa cada año, de manera que se ha alcanzado ya un porcentaje del 40% del alumnado de educación primaria y del 30% de estudiantes de secundaria que cursa sus estudios en programas bilingües. La rápida expansión de este enfoque no está exenta de desafíos como la propia variabilidad de programas y la dificultad de evaluarlos, la necesidad de mayor apoyo institucional y recursos, así como la mejora de la calidad de la acreditación del profesorado para impartirlos y de su formación inicial y continua.

El capítulo 6 se dedicará a profundizar y actualizar los principios pedagógicos para una enseñanza bilingüe de calidad. Se enunciará un nuevo modelo superador de los anteriores: ComCLIL basado en la integración no solo de contenidos y lengua extranjera, sino en la integración de todas las competencias clave, fusionándose así el enfoque bilingüe y el enfoque educativo del aprendizaje basado en competencias. Finalmente, se describirá el AICLE como un enfoque ecléctico en comunicación con diversos modelos y enfoques: constructivismo, multimodalidad, pensamiento visual (*visual thinking*), aprendizaje cooperativo, aprendizaje situado, aprendizaje experiencial (*x-learning*), y aprender enseñando (*learning by teaching*), entre otros.

En el capítulo 7, se revisarán los principales resultados de aprendizaje en contextos de educación bilingüe en lo que se respecta a adquisición de lenguas extranjeras, contenidos, y lengua materna, de manera que se contrastarán el debate mediático -muy crítico respecto del enfoque bilingüe- con las evidencias resultantes de la investigación científica, que, paradójicamente, son bastante optimistas respecto de su eficacia. De esta manera, se intenta contribuir a establecer una opinión informada sobre este tema de interés social.

El último capítulo explora varias cuestiones que requieren de mayor escrutinio: la adquisición de competencias transversales, la atención a la diversidad y la variabilidad de resultados en la educación bilingüe y no bilingüe debido al género, ubicación rural/ urbana y al nivel sociocultural. De esta manera se aportarían todos los datos necesarios para reflexionar sobre de modelo de AICLE y adaptarlo a las nuevas demandas de nuestro entorno educativo y social.

Referencias

Consejo de la Unión Europea. Consejo para la cooperación cultural. Comité de Educación. División de Lenguas Modernas. (2001). *Common European framework of reference for languages: Learning, teaching, assessment*. Cambridge University Press.

Consejo de la Unión Europea. (2018). *Common European Framework for Languages. Companion Volume with new descriptors*.

Consejo de la Unión Europea. (2019a). *Recomendación del Consejo de 22 de mayo de 2019 relativa a un enfoque global de la enseñanza y el aprendizaje de idiomas*. Diario Oficial de la Unión Europea, C 189/1. https://eur-lex.europa.eu/legal-content/ES/TXT/HTML/?uri=CELEX:32019H0604(01)&from=EN

Consejo de la Unión Europea. (2019b). *Recomendación del Consejo de 22 de mayo de 2019 relativa a unos sistemas de educación y cuidados de la primera infancia de alta calidad* [Recomendación del Consejo]. Diario Oficial de la Unión Europea, C 189/1. https://eur-lex.europa.eu/legal-content/ES/TXT/HTML/?uri=CELEX:32019H0603(01)&from=EN

OCDE. (2018b). *Preparing our youth for an inclusive and sustainable world. The OECD PISA global competence framework*.

Índice

Agradecimientos 7

Prefacio 9
    Referencias 13

Sección I. Ciudadanos plurilingües: un objetivo europeo 21

Capítulo 1. El aprendizaje de lenguas como prioridad
educativa 23
    1.1. El aprendizaje de lenguas extranjeras como requisito para la ciudadanía global 23
        1.1.1. La competencia global y el aprendizaje de lenguas 24
        1.1.2. El Marco Común Europeo de las Lenguas y la competencia plurilingüe y pluricultural 25
    1.2. El aprendizaje de idiomas como competencia clave 27
        1.2.1. La conceptualización y caracterización del término "competencia" 27
        1.2.2. La selección de las competencias clave para el aprendizaje a lo largo de la vida 28
        1.2.3. La competencia multilingüe como segunda competencia clave 30
    1.3. Plurilingüismo y multilingüismo en la Unión Europea 30
    1.4. Aprendizaje de lenguas y diversidad lingüística 32
    Referencias 32

Capítulo 2. Acciones europeas para la promoción del
plurilingüismo y pluriculturalismo 35

2.1. El programa Erasmus+ 35
2.2. El proyecto LISTIAC 37
2.3. El proyecto MultiMind 38
    2.3.1. Cómo mejorar la evaluación y el tratamiento de niños multilingües con trastornos del lenguaje 39
    2.3.2. El efecto de la lengua extranjera en psicoterapia 39
    2.3.3. ¿El multilingüismo trae beneficios? ¿Qué piensan los profesores sobre el multilingüismo? 39
    2.3.4. ¿Cómo apoyar el desarrollo del lenguaje y la lectoescritura en las aulas de lenguas extranjeras, de herencia (minoritaria) y la lengua mayoritaria? 40
    2.3.5. Multilingüismo en entornos migratorios: niños y adultos en la educación formal 41
2.4. El Centro Europeo de las Lenguas Modernas 41
    2.4.1. Misión del ECLM 41
    2.4.2. Las nueve áreas de trabajo del ECLM para la excelencia en la enseñanza de lenguas 42
        2.4.2.1. Competencias del profesorado y del alumnado. 42
        2.4.2.2. Lenguaje de signos. 42
        2.4.2.3. Educación plurilingüe e intercultural. 43
        2.4.2.4. Nuevos medios en la educación lingüística. 43
        2.4.2.5. Educación de migrantes y empleo 43
        2.4.2.6. Currículum y evaluación 44
        2.4.2.7. Aprendizaje temprano de idiomas 44
        2.4.2.8. Aprendizaje integrado de contenidos y lenguas (AICLE) 45
        2.4.2.9. Las lenguas de escolarización 45
2.5. Otras iniciativas para la promoción del aprendizaje de idiomas: la plataforma ESEP 46
Referencias 48

Sección II. Políticas lingüísticas familiares de apoyo al aprendizaje de lenguas: el bilingüismo no nativo 51

Capítulo 3. La política lingüística familiar como área de investigación: definición, alcance y prácticas 53

   3.1. La política lingüística familiar: definición y objetivos 53

   3.2. La política lingüística familiar como área interdisciplinar 55

      3.2.1. Política lingüística familiar y política lingüística en general ... 55

      3.2.2. Aportaciones de la sociolingüística al marco de reflexión e investigación de la FLP 57

      3.2.3. Psicolingüística y política lingüística familiar 57

      3.2.4. La antropología y el estudio de la política lingüística familiar   58

   3.3. Factores internos y externos que modelan las políticas lingüísticas familiares 59

   3.4. Políticas lingüísticas familiares para fomentar el aprendizaje de lenguas extranjeras 60

   Referencias 63

Capítulo 4. El bilingüismo no nativo como política lingüística familiar 67

   4.1. Bilingüismo nativo y no nativo: marco contextual y conceptual. 67

   4.2. Revisión de la literatura sobre el bilingüismo no nativo. 68

   4.3. Marcos para el análisis del bilingüismo no nativo 71

      4.3.1. El inglés como lengua de prestigio internacional 71

      4.3.2. Globalización y neoliberalismo: la mercantilización de las lenguas 71

      4.3.3. La paternidad intensiva y el bilingüismo no nativo 72

      4.3.4. Emprendimiento lingüístico y agencia en el aprendizaje de lenguas 73

   4.4. Técnicas y recursos en el bilingüismo no nativo 74

4.5. El bilingüismo como meta en la política lingüística
familiar: principales estrategias 75

Referencias 77

Sección III. La enseñanza bilingüe en el sistema educativo 81

Capítulo 5. Los programas bilingües en infantil, primaria y secundaria en el contexto español 83

5.1. El origen de la enseñanza bilingüe en España 83

    5.1.1. Los programas de inmersión canadiense como antecedente .. 83

    5.1.2. Políticas europeas y educación bilingüe: el AICLE como enfoque europeo a seguir 86

    5.1.3. Los inicios de la educación bilingüe en España 87

5.2. Expansión de la enseñanza bilingüe 88

5.3. Diseño de los programas bilingües en España 89

5.4. Principales desafíos de los programas de educación bilingüe 92

    5.4.1. La variabilidad: unidad del término "Educación bilingüe" *vs* diversidad de programas 92

    5.4.2. ¿La generalización como objetivo a conseguir? 93

    5.4.3. Apoyo institucional y recursos 93

    5.4.4. La acreditación del profesorado 94

Referencias 94

Capítulo 6. El enfoque pedagógico del aprendizaje integrado de contenidos y lengua. Profundización y actualización de sus principios metodológicos 97

6.1. El AICLE como paraguas metodológico y su relación con otros enfoques de educación bilingüe 97

6.2. Del enfoque dual al marco de las 5 ces 99

    6.2.1. El foco dual de AICLE 99

6.2.2. El tríptico de Mehisto, Marsh y Frigols y su conexión
con los procesos de andamiaje 100

6.2.3. El marco de las 4 ces de Coyle 102

6.2.4. Hacia un enfoque plenamente integrado: del marco
de las 5 ces al marco AICLE basado en competencias
(ComCLIL) 102

6.3. Principios del AICLE como enfoque ecléctico para la
educación bilingüe 106

6.3.1. El constructivismo 106

6.3.2. La multimodalidad y el pensamiento visual (*visual thinking*) 108

6.3.3. Aprendizaje cooperativo basado tareas y proyectos 108

6.3.4. El aprendizaje situado y el aprendizaje experiencial (x-learning) 110

6.3.5. La taxonomía de Bloom 110

6.3.6. Aprender enseñando (*learning by teaching*) 111

6.3.7. La teoría del aprendizaje profundo 112

Referencias 113

Capítulo 7. Resultados de aprendizaje en la educación bilingüe: discurso social y discurso académico 117

7.1. Discurso mediático sobre la educación bilingüe 117

7.2. El dominio de la lengua meta como principal objetivo de la
enseñanza bilingüe 119

7.3. La asimilación de contenidos en los programas bilingües. 122

7.4. Transferencia de habilidades y estrategias entre primera y
segunda lengua y viceversa 123

Referencias 126

Capítulo 8. Remodelando el AICLE: resultados en la adquisición de competencias y atención a la diversidad 133

8.1. Competencias transversales, digitales, cognitivas y afectivas. 133

8.1.1. AICLE y la adquisición de competencias digitales 134
8.1.2. AICLE y el desarrollo de habilidades cognitivas 135
8.1.3. Competencias emocionales y factores afectivos en AICLE 136
8.2. Atención a la diversidad en AICLE 137
8.3. AICLE y reducción de brechas debido al género y ubicación rural. AICLE y nivel sociocultural 138
Referencias 140

Sección I. Ciudadanos plurilingües: un objetivo europeo

Capítulo 1. El aprendizaje de lenguas como prioridad educativa

En un contexto de globalización y de superdiversidad (Vertovec, 2007), el aprendizaje de lenguas constituye una estrategia esencial, tanto individual como colectiva, para el desarrollo económico, profesional y laboral y para favorecer la inclusión. Esta afirmación se aplica de manera especial a la Unión Europea (UE), que cuenta con 24 lenguas oficiales, a las que se suman 60 regionales, y a las que, a su vez, hay añadir otras 175 que proceden de las nacionalidades que han encontrado su hogar dentro de las fronteras europeas. Por todo ello, las instituciones europeas llevan promoviendo la inclusión de la enseñanza de lenguas en los sistemas educativos europeos, convirtiendo así este aspecto en una de las prioridades de la educación obligatoria y bachillerato, formación profesional y universidad. En este capítulo se estudiarán las conexiones entre el aprendizaje de lenguas y la ciudadanía global y se revisarán los informes, documentos, recomendaciones y marcos emanados de la Unión Europea y de la OCDE para promover la adquisición de competencias lingüísticas e interculturales, definiéndolas, posibilitando marcos comunes para su evaluación e instando a su inclusión en los sistemas educativos nacionales y regionales.

1.1. El aprendizaje de lenguas extranjeras como requisito para la ciudadanía global

La necesidad de formar ciudadanos plurilingües ha constituido una de las principales preocupaciones de la Unión Europea (UE) en los últimos años, como muestra la multitud de proyectos que viene avalando, así como la publicación de un número creciente de recomendaciones sobre el aprendizaje de idiomas y el fomento del plurilingüismo. El dominio de dos o más lenguas se ha considerado fundamental para promover la unidad en un contexto de diversidad lingüística y cultural, y se erige en estrategia cardinal conducente a mejorar la cohesión y la comprensión mutua, así como la movilidad de bienes, servicios y personas entre los estados miembros, favoreciendo así el crecimiento económico.

Además, el dominio de lenguas segundas permite la comunicación efectiva con personas de otros países y constituye un vehículo fundamental para comprender y establecer puentes con diferentes culturas y formas de ver el mundo. El conocimiento y comprensión intercultural origina el respeto y puesta en valor de la diversidad, contribuye a la eliminación de estereotipos y coadyuva a la creación de relaciones sociales e interpersonales basadas en la paz y armonía. De esta manera el aprendizaje de lenguas y la comprensión intercultural se convierten en motores de la ciudadanía activa, responsable y global.

De hecho, la Recomendación del Consejo de 22 de mayo de 2019 relativa a un enfoque global de la enseñanza y el aprendizaje de idiomas (Consejo de la Unión Europea, 2019) considera que el aprendizaje de lenguas contribuye al desarrollo (i) de la dimensión europea de la educación, (ii) de la identidad europea en la diversidad, (iii) de la comprensión intercultural, (iv) de la ciudadanía y (v) de las competencias democráticas, tal y como se expresa en el apartado sexto de los considerandos:

> Incrementar y mejorar el aprendizaje y la enseñanza de idiomas podría contribuir a la consolidación de la dimensión europea de la educación y la formación. Podría fomentar el desarrollo de una identidad europea en toda su diversidad, como complemento de las identidades y las tradiciones locales, regionales y nacionales, así como un mejor conocimiento de la Unión y de sus Estados miembros. La competencia multilingüe permite entender mejor otras culturas, lo que contribuye al desarrollo de la ciudadanía y de las competencias democráticas. (Consejo de la Unión Europea, 2019, considerando 6).

1.1.1. La competencia global y el aprendizaje de lenguas

El desarrollo de la competencia global constituye uno de los focos centrales de la estrategia 2030 de los países de la OCDE, dentro del "Marco 2030 para el Futuro de la Educación y habilidades" (OCDE, 2018a), cuya finalidad es definir los objetivos de aprendizaje esenciales y los conocimientos, destrezas y actitudes que el sistema educativo debe contribuir a adquirir en los educandos, durante las próximas décadas.

La adquisición de la competencia global es un instrumento fundamental para afrontar los retos sociales derivados de una sociedad caracterizada por la diversidad lingüística y se define en el "Marco de la competencia global OCDE/PISA" (OCDE, 2018b) como la capacidad de examinar, comprender e interactuar sobre cuestiones locales y globales e interculturales, y apreciar diferentes perspectivas y visiones del mundo (OCDE, 2018b). De este modo, se considera prioritaria la formación de ciudadanos capaces de actuar con espíritu crítico, tolerante y pacífico para contribuir al bienestar colectivo y crear un mundo inclusivo y sostenible, en un contexto dominado por la globalización de las informaciones y de los fenómenos sociales.

Para ello, el Marco de la competencia global (OCDE, 2018) se estructura en torno a tres dimensiones principales: (i) conocimiento y comprensión intercultural y global, (ii) destrezas para la interculturalidad (desarrollo de pensamiento analítico y crítico, empatía y flexibilidad) y (iii) actitudes hacia la diversidad cultural (apertura a otras culturas, respeto hacia los demás, conciencia global y responsabilidad).

Las interconexiones entre ciudadanía global y aprendizaje de lenguas son tales que el MCER (Marco Común Europeo de Referencia para las Lenguas) (Consejo de la Unión Europea, 2001, y Adenda o *Companion volume*, 2018a), establece la denominación de competencia plurilingüe y pluricultural, reconociendo así la interrelación intrínseca entre los elementos lingüísticos y culturales, y poniendo de relieve que el hecho lingüístico tiene lugar en un contexto determinado por convenciones culturales, sociopragmáticas y sociolingüísticas.

De este modo, se opera un cambio de paradigma (Coste, et al., 2009), en el que se supera la visión segmentada acerca de las habilidades lingüísticas y de la lengua, la identidad y la cultura y se sustituye por una perspectiva holística y múltiple, que pone de relieve los vínculos entre estos componentes, las mediaciones y pasajes entre lenguas y entre culturas y su carácter dinámico, situado y contextualizado.

1.1.2. El Marco Común Europeo de las Lenguas y la competencia plurilingüe y pluricultural

Las escalas del MCER contemplan las conexiones entre comunicación y comprensión intercultural, cuyos vínculos con la ciudadanía global son indudables. En este sentido, el MCER establece tres escalas para evaluar la competencia plurilingüe y pluricultural que contemplan:

(i) el aprovechamiento del repertorio pluricultural, es decir, entender y gestionar situaciones de diversidad cultural regulando el comportamiento y el lenguaje, y analizando sobre-generalizaciones y estereotipos
(ii) la comprensión plurilingüe, que consiste en comprender y hacer uso de todos los recursos al alcance en distintas lenguas y
(iii) el aprovechamiento del repertorio plurilingüe.

En la tabla 1.1 se observan los indicadores para los niveles de dominio de un idioma: A, que incluye los niveles básicos A1 y A2; B, que abarca los niveles intermedios B1 y B2; y C, que comprende los niveles avanzados C1 y C2.

Tabla 1.1: *Escalas de la competencia plurilingüe y pluricultural.*

COMPETENCIA PLURILINGÜE Y PLURICULTURAL(MCER)			
Escalas	Niveles		
	A (básico)	B (intermedio)	C (avanzado)
Aprovechamiento del repertorio pluricultural	Reconoce causas culturales que pueden dificultar la comunicación y se comporta de manera adecuada en los intercambios cotidianos sencillos.	Actúa según las convenciones sociopragmáticas y explica o debate sobre aspectos de su propia cultura y de otras, reconoce y aclara malentendidos	Explica, interpreta y debate con sensibilidad el trasfondo de creencias, valores y prácticas culturales y gestiona la ambigüedad sociolingüística y pragmática
Competencia plurilingüe	Usa del contexto y de las pistas contextuales o relacionadas con el género textual	Saca partido a las semejanzas, reconociendo «falsos amigos» y aprovecha fuentes paralelas de diferentes lenguas	No hay descriptores
Aprovechamiento del repertorio plurilingüe	Aprovecha todos los recursos posibles para llevar a cabo una transacción cotidiana sencilla.	Maneja la lengua con creatividad. Pasa de una lengua a otra de manera flexible, de tal manera que los demás se sientan cómodos, y proporciona aclaraciones, comunica información especializada, y consigue una mayor eficacia en la comunicación	Comenta y explica conceptos abstractos y sofisticados en diferentes lenguas, desde la inclusión de palabras/signos sueltas/de otras lenguas hasta la explicación de expresiones particularmente apropiadas y el uso de metáforas para producir un efecto.

Fuente: elaboración propia a partir del Marco Común Europeo de Referencia de las Lenguas (MCER, 2021)

De este modo, la competencia plurilingüe, solo se desarrolla plenamente si tenemos en cuenta el componente pluricultural, lo que facilita el entendimiento intercultural y favorece el conocimiento, respeto y tolerancia hacia otras culturas, contribuyendo así a construir una ciudadanía activa.

1.2. El aprendizaje de idiomas como competencia clave

Por todo lo expuesto en el apartado anterior, la adquisición de lenguas extranjeras se plantea como una prioridad educativa y, de hecho, forma parte de las ocho llamadas competencias clave para el aprendizaje permanente recomendadas por el Consejo de la Unión Europea en 2006 y 2018b.

Los trabajos conducentes a la publicación de estas recomendaciones pretenden proporcionar un marco de referencia para establecer objetivos de educación considerados imprescindibles para la realización personal, la ciudadanía activa, la cohesión social y la empleabilidad en la sociedad del conocimiento. Dicha recomendación aconseja la inclusión de este marco competencial en los sistemas educativos de todos los países miembros, de modo que la educación obligatoria pueda garantizar que todos los ciudadanos cuenten con una base suficiente para desarrollar aprendizajes a lo largo de su vida.

1.2.1. La conceptualización y caracterización del término "competencia"

El concepto de competencia constituye un motor de superación de las visiones educativas tradicionales centradas en los contenidos y proporciona un marco de acción que se construye en torno a la combinación y selección de conocimientos, habilidades y actitudes adaptadas al contexto.

Además, frente a la compartimentación del conocimiento, las competencias clave tienen un carácter multifuncional, transferible, inclusivo, integral, dinámico y transversal:

✓ las competencias clave son multifuncionales porque representan un saber hacer aplicable a diferentes contextos.
✓ Son transferibles a diferentes situaciones por medio de la generalización, representando así un conocimiento adaptativo (Pérez Gómez, 2007).
✓ Son inclusivas, ya que incluyen combinaciones de tres tipos diferentes de componentes: conocimientos, habilidades y actitudes. En otras palabras, ser competente es mostrar la capacidad comprobada de utilizar conocimientos, y habilidades personales, sociales y/o metodológicas. Esto implica que las competencias no solo están sólidamente ancladas en conocimientos teóricos, sino que también están inspiradas en principios y valores, y están orientadas a la acción (Escamilla, 2008).
✓ Tienen un carácter integral, ya que aseguran que todos los ciudadanos puedan adquirirlas al finalizar la educación obligatoria.

✓ Son transversales, es decir, no existe una correspondencia unívoca entre competencias y materias escolares, sino que todas las materias deben contribuir al desarrollo de todas las competencias clave, y cada competencia debe adquirirse a través de todas las materias, fomentándose así una visión holística del conocimiento.

Según Escamilla (2008) la implementación de este enfoque de aprendizaje basado en competencias (ABC) se justifica desde las perspectivas sociológica, psicológica y epistemológica. Desde un punto de vista sociológico, los cambios en las demandas de una sociedad del conocimiento requieren que el conocimiento no se restrinja al ámbito académico (Coll, 2007; Pérez Gómez, 2007), sino que se pueda trasladar a situaciones reales en el ámbito social, familiar y laboral, que son los contextos de aplicación más importantes de las adquisiciones realizadas a lo largo de la escolaridad obligatoria.

Desde un punto de vista psicológico, las competencias clave colaboran para el desarrollo integral de conocimientos, habilidades y valores, de manera que se educa para la acción y la resolución de problemas y no para atesorar conocimientos que, o bien se olvidan, o bien no se sabe cómo aplicarlos para resolver las cuestiones que haya que afrontar.

El tercer anclaje del enfoque ABC es epistemológico, y, en este sentido, el aprendizaje basado en competencias contribuye a romper con la impenetrabilidad inherente a la enseñanza disciplinar para crear un espacio dinámico de conocimiento común a las diferentes materias.

1.2.2. La selección de las competencias clave para el aprendizaje a lo largo de la vida

Además de la construcción conceptual del término "competencia", la OCDE promovió una serie de trabajos conducentes a la reflexión y selección de cuáles serían esas competencias "clave" para el aprendizaje a lo largo de la vida. El Proyecto DeSeCo (Definición y Selección de Competencias: Fundamentos teóricos y conceptuales) (OCDE, 2000), constituyó el germen de la primera Recomendación del Parlamento Europeo y del Consejo sobre Competencias Clave para el aprendizaje permanente (Consejo de la Unión Europea, 2006), que entre las ocho competencias consideradas como "clave" o fundamentales, incluía, en segundo lugar, la "comunicación en lenguas extranjeras".

En 2018 el Consejo (Consejo de la Unión Europea, 2018b) publica una actualización de la Recomendación relativa a las competencias clave para el aprendizaje permanente, motivada por las transformaciones sociales, económicas y educativas experimentadas en los más de diez años que habían pasado desde la recomendación inicial de 2006. Los objetivos principales del marco competencial establecidos en la recomendación de 2018 sobre las competencias clave para el aprendizaje a lo largo de la vida son los siguientes (Tabla 1.2):

Tabla 1.2: Objetivos del Marco de las competencias clave.

OBJETIVOS DEL MARCO DE LAS COMPETENCIAS CLAVE
1) Identificar y definir las competencias clave necesarias para la realización personal, la ciudadanía activa, la cohesión social y la empleabilidad en la sociedad del conocimiento.
2) Apoyar el trabajo de los Estados miembros para garantizar que al final de la educación y formación inicial, los jóvenes hayan desarrollado las competencias clave en un nivel que los prepare para la vida adulta y que constituya una base para el aprendizaje posterior y la vida laboral.
3) Proporcionar una herramienta de referencia a nivel europeo para los responsables de elaborar políticas educativas, profesorado, empleadores, y los propios estudiantes
4) Ofrecer un marco para futuras acciones a nivel europeo dentro de las áreas de la educación y la capacitación comunitaria.

Fuente: Elaboración propia. Adaptado de la Recomendación relativa a las competencias clave para el aprendizaje permanente (CE, 2018).

Esta recomendación (Consejo de la Unión Europea, 2018b) ratifica la importancia del dominio de lenguas y se explicita, entre los cambios que justifican la redacción de una nueva recomendación que "se ha prestado especial atención a (…) invertir en el aprendizaje de idiomas" (Consejo de la Unión Europea, 2018, p. 3), considerándolo fundamental "para las sociedades modernas, la cooperación y el entendimiento intercultural".

Por ello, incluye en segundo lugar en el listado de competencias clave la "competencia multilingüe", modificando la denominación de 2006 que reconocía el aprendizaje de idiomas dentro de la rúbrica "competencia en comunicación en lenguas extranjeras". De esta manera, se consolida la consideración de las lenguas como aprendizajes fundamentales que adquirir al final de la educación obligatoria, para formar ciudadanos activos, dotados con las herramientas necesarias, para seguir aprendiendo a lo largo de la vida.

1.2.3. La competencia multilingüe como segunda competencia clave

La recomendación de 2018 sobre competencias clave para el aprendizaje a lo largo de vida, define la competencia multilingüe como "la habilidad de utilizar distintas lenguas de forma adecuada y efectiva para la comunicación" (CE, 2018, p. 8) y la desglosa en los siguientes elementos:

- Habilidad para comprender, expresar e interpretar conceptos, pensamientos, sentimientos, hechos y opiniones de forma oral y escrita (escuchar, hablar, leer y escribir) en diversos contextos sociales y culturales de acuerdo con los deseos y necesidades comunicativas.
- Habilidad para mediar entre lenguas y medios diferentes tal como se destaca en el Marco común europeo de referencia.
- Las competencias lingüísticas incluyen una dimensión histórica y competencias interculturales.
- En su caso, podrá incluir el mantenimiento y adquisición adicional de competencias en la lengua materna, así como el dominio de (una) lengua(s) oficial(es) de un país.

En lo que respecta a los conocimientos, capacidades y actitudes que integran la competencia multilingüe, la recomendación (CE, 2018) incluye los siguientes (gráfico 1.1):

La Recomendación de las competencias clave para el aprendizaje permanente se dirige a los estados miembros, y les conmina a que introduzcan dichas competencias como aprendizajes esenciales a adquirir al fin de la escolarización obligatoria. En lo que respecta al sistema español, a pesar de que desde la primera formulación de la recomendación del Consejo en 2006 se han promulgado ya varias leyes educativas, es preciso subrayar que todas ellas han incorporado las competencias clave como elementos del currículo. Por tanto, la competencia en idiomas, como "competencia en comunicación en lenguas extranjeras", según la expresión de 2006 o como "competencia multilingüe", según la versión de 2018, se ha incluido como competencia clave en el contexto curricular español, y, por tanto, su consecución continúa siendo un objetivo educativo de primer orden.

1.3. Plurilingüismo y multilingüismo en la Unión Europea

Antes de finalizar este capítulo, es necesario realizar algunas precisiones relativas tanto a la terminología, como al concepto de aprendizaje de lenguas, plurilingüismo

Plurilingüismo y multilingüismo en la Unión Europea

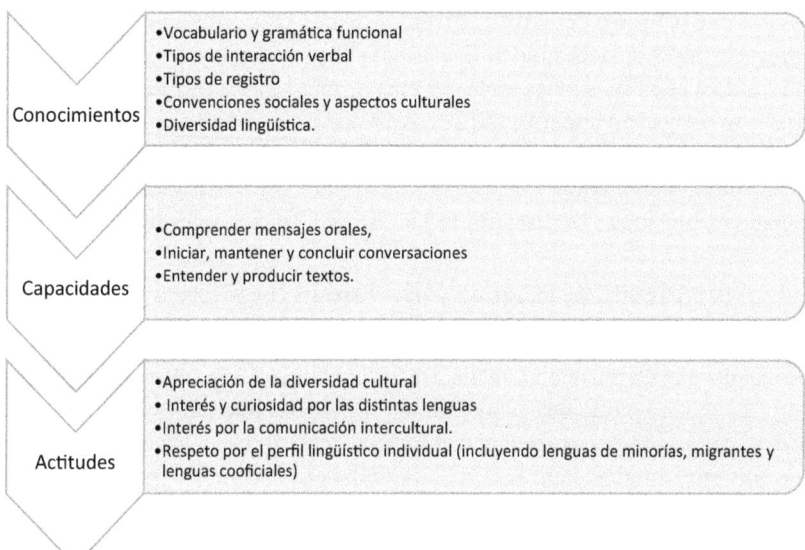

Gráfico 1.1. Conocimientos, capacidades y actitudes de la competencia multilingüe. Elaboración propia. Adaptado de la Recomendación relativa a las competencias clave para el aprendizaje permanente (CE, 2018)

y multilingüismo. Generalmente, el término "plurilingüe" se emplea para describir el dominio de varias lenguas por parte de una persona, mientras que "multilingüe", designa el empleo de varias lenguas por una comunidad, territorio, país o institución.

Sin embargo, esta distinción crea confusiones en su uso, e incluso existe una dicotomía en su empleo por parte del Consejo de Europa y los documentos oficiales de la Unión Europea. Mientras que el Consejo de Europa aplica el término «plurilingüismo» en relación con las personas que hablan varias lenguas, los documentos oficiales de la Unión Europea hacen alusión a la denominación «multilingüismo» para referirse tanto al repertorio lingüístico de los individuos, como a las situaciones sociales de concurrencia de varias lenguas.

En realidad, la distinción entre plurilingüismo y multilingüismo se construye a partir de barreras cada vez más difusas y una de las causas de este hecho es que existen dificultades para elegir entre un término y otro sobre todo cuando hablamos del aprendizaje de otras lenguas distintas del inglés y el francés, tal y como se reconoce en varios documentos, como la propia Recomendación del Consejo 22 de mayo de 2018 relativa a las competencias clave para el aprendizaje permanente (Consejo de Europa, 2018b). Además, en ciertos contextos, la elección entre uno y otro término no está exenta de problemática.

Debido a estas cuestiones, cada vez encontramos más a menudo en la literatura de investigación una solución de compromiso que combina ambos términos y evita así el dilema. Se trata del empleo del término multi/plurilingüe (Birello et al., 2021), que se emplea de manera recurrente por investigadores europeos (españoles, italianos, franceses, portugueses, etc.), así como de otros países.

1.4. Aprendizaje de lenguas y diversidad lingüística

En conexión con los términos plurilingüismo, multilingüismo, y el conglomerado multi-plurilingüismo, se encuentra la denominación de "diversidad lingüística". Del mismo modo que el aprendizaje de lenguas internacionales o lenguas francas como el inglés, el español o el francés, entre otras, se delinea como objetivo educativo fundamental para la empleabilidad y el ejercicio de una ciudadanía activa, el respeto y aprendizaje de otras lenguas de herencia y de inmigración, constituye una piedra angular de la propia Unión para la inclusión y la convivencia en armonía.

De hecho, la Carta de los Derechos Fundamentales de la Unión Europea Europa reconoce la diversidad lingüística en su artículo 22, en el marco de la no discriminación de minorías y el respeto por su diversidad cultural, religiosa y lingüística, incluyendo lenguas de inmigración y lenguas regionales, que, además, encuentran cobertura específica en la Carta Europea de las Lenguas Regionales o Minoritarias y el Convenio marco para la protección de las minorías nacionales del Consejo de Europa.

La diversidad lingüística en las aulas plantea nuevos retos para el aprendizaje de lenguas mayoritarias y minoritarias y, en los últimos años, la Unión Europea está prestando especial atención a estas situaciones. Como se verá en el siguiente capítulo, diversas actuaciones, tales como proyectos, informes y áreas de trabajo se encaminan a proporcionar guías pedagógicas, así como recursos, tanto para apoyar el aprendizaje de lenguas en estos contextos, como para fomentar el respeto, la tolerancia y la puesta en valor del multilingüismo y multiculturalismo en distintos entornos y, especialmente, en el escolar.

Referencias

Birello, M., Llompart-Esbert, J.,& Moore, M. (2021). Being plurilingual versus becoming a linguistically sensitive teacher: tensions in the discourse of initial teacher education students. *International Journal of Multilingualism, 18*(4), 586-600, DOI: 10.1080/14790718.2021.1900195

Referencias

Castro, S., Bukowski, M., Lupiáñez, J., & Wodniecka, Z. (2022). Bilingualism is related to reduced social biases: The role of cognitive flexibility and motivation to respond without prejudice. https://doi.org/10.31234/osf.io/ebvzt

Coll, C. (2007). Las competencias en la educación escolar: algo más que una moda y mucho menos que un remedio. *Revista Aula de Innovación Educativa, 161*, 34-39.

Consejo de la Unión Europea. Consejo para la cooperación cultural. Comité de Educación. División de Lenguas Modernas. (2001). *Common European framework of reference for languages: Learning, teaching, assessment.* Cambridge University Press.

Consejo de la Unión Europea. (2006) Recommendation of 18 December 2006 of the European Parliament and the Council on Key Competences for lifelong learning (Official Journal of the European Union L394)

Consejo de la Unión Europea. (2018a). *Common European Framework for Languages. Companion Volume with new descriptors.*

Consejo de la Unión Europea. (2018b). *Recomendación del Consejo, de 22 de mayo de 2018, relativa a las competencias clave para el aprendizaje permanente.* Diario Oficial de la Unión Europea, 22.

Consejo de la Unión Europea. (2019). *Recomendación del Consejo de 22 de mayo de 2019 relativa a un enfoque global de la enseñanza y el aprendizaje de idiomas.* Diario Oficial de la Unión Europea, C 189/1. https://eur-lex.europa.eu/legal-content/ES/TXT/HTML/?uri=CELEX:32019H0604(01)&from=EN

Coste, D., Moore, D., & Zarate, G. (2009) *Plurilingual and Pluricultural Competence. Studies towards a Common European Framework of Reference for language learning and teaching.* 168069d29b (coe.int)

Escamilla, A. (2008). *Las competencias básicas: claves y propuestas para su desarrollo en los centros.* Barcelona: Graó.

OCDE. (2018a). *The future of Education and Skills. Education 2030.*

OCDE. (2018b). *Preparing our youth for an inclusive and sustainable world. The OECD PISA global competence framework.*

OCDE (2000). The definition and selection of key competencies (DeSeCo). D.S. Rychen and L.H. Salganik (eds.). http://www.deseco.admin.ch/>.

Pérez Gómez, A.I. (2007). *La naturaleza de las competencias básicas y sus aplicaciones pedagógicas.* Cuadernos de Educación. Consejería de Educación de Cantabria.

Vertovec, S.(2007). Super-diversity and its implications. *Ethnic and Racial Studies 30*(6), 1024-1054.

Capítulo 2. Acciones europeas para la promoción del plurilingüismo y pluriculturalismo

Como se ha visto en el capítulo 1, el aprendizaje de lenguas constituye una prioridad educativa en el conjunto de la Unión Europea, no solo para contribuir a crear lazos sociales, laborales, académicos y económicos entre los países miembros y sus ciudadanos, sino también para fomentar la inclusión y la convivencia en el seno de los propios países y comunidades. Una de las acciones europeas estrella para la promoción del plurilingüismo y el pluriculturalismo es el programa Erasmus+, que cada año financia la movilidad de estudiantes de todos los niveles educativos y contribuye a fortalecer la identidad europea y la ciudadanía activa. Tras el análisis de las aportaciones de este programa, se dará cuenta de dos proyectos recientemente respaldados por la UE: el proyecto LISTIAC, que fomenta una enseñanza lingüísticamente sensible en las aulas multilingües y el proyecto MultiMind, que aborda una pluralidad de contextos y problemáticas desde perspectivas interdisciplinares. El penúltimo apartado de este capítulo se dedicará al Centro Europeo de las Lenguas Modernas y a sus nueve áreas de trabajo, que representan los mayores retos para la educación lingüística actual, así como las guías y recursos más punteros para la formación docente. Dichas áreas son las siguientes: las competencias del profesorado y del alumnado, el lenguaje de signos, educación plurilingüe e intercultural, nuevos medios en la educación lingüística, educación de migrantes y empleo, currículum y evaluación, aprendizaje temprano de idiomas, aprendizaje integrado de contenidos y lenguas (AICLE), y lenguas de escolarización. Finalmente, se menciona otro gran proyecto de la Unión Europea, la plataforma ESEP (Plataforma Europea de Educación Escolar), que pretende ser un lugar de referencia para la difusión de la investigación y la formación para el intercambio y la innovación educativa.

2.1. El programa Erasmus+

Una de las acciones europeas más relevantes y ambiciosas para el desarrollo de las competencias plurilingüe y pluricultural es el programa de movilidad Erasmus+. La Unión Europea apuesta por la movilidad en todos los niveles educativos como agente de mejora lingüística, cultural y formativa, de manera que la inversión en el programa Erasmus no hace más que aumentar en los últimos años. De esta forma, se pretende contribuir a la construcción de un Espacio Europeo de Educación y promover la cooperación estratégica europea en el ámbito formativo. Además, es necesario subrayar que el diseño del programa fomenta la participación desde una edad temprana y contempla la posibilidad de realizar estudios o prácticas en otro país europeo a lo largo de la vida escolar, desde el colegio hasta la universidad.

Tal y como se especifica en las guías del programa, uno de los elementos clave del programa Erasmus+ es el fomento del multilingüismo, como estandarte de la máxima europea de la unidad en la diversidad. Las ventajas de la movilidad europea para el aprendizaje de lenguas comunitarias son innegables, puesto que supone una inmersión total en el país de destino a nivel lingüístico, académico, social y cultural. Además, la movilidad contribuye a construir Europa en términos de comprensión intercultural y afianzamiento de lazos interpersonales y académicos. Por ello, el diseño del programa Erasmus+ contempla medidas específicas para apoyar el aprendizaje de idiomas y para evitar que un nivel de lengua limitado pueda constituir una barrera para la movilidad. Una de estas medidas destinadas a la educación superior es la plataforma de apoyo lingüístico en línea (OLS), que posibilita tanto la evaluación de la competencia lingüística como su mejora antes de iniciar la movilidad, mientras que, durante la misma, son múltiples las ofertas en los países de destino para garantizar un nivel suficiente en la lengua meta.

Por otro lado, con el fin de reconocer la calidad y promover la difusión de proyectos Erasmus+ que hayan contribuido de manera excelente al aprendizaje de idiomas y al multilingüismo, la Comisión Europea ha instituido los premios del Sello Europeo de las Lenguas. De esta manera, se pone de relevancia el componente lingüístico del proyecto Erasmus+ y se impulsan iniciativas de calidad en este ámbito, que se valoran, además de en lo que respecta a mejoras sobresalientes en la competencia lingüística, en cuestiones como su aporte a la innovación, la inclusión y la integración.

Los objetivos de aprendizaje de idiomas y desarrollo de la competencia plurilingüe y pluricultural son más que satisfactorios. Según el informe del Consejo (Souto et al., 2019), el 88% del alumnado que había realizado una movilidad Erasmus+ afirmó haber experimentado una mejora significativa en sus destrezas lingüísticas en lenguas extranjeras y un 89% resaltó su progreso en las habilidades comunicativas orales. Además, una amplia mayoría (95%) manifestó haber aprendido a relacionarse con personas de orígenes culturales diversos. El 93%, por su parte, afirmó haber mejorado en lo que respecta a tener en cuenta las perspectivas y diferencias culturales, así como las ideas y opiniones de los demás, incluso aunque no las compartan.

La importancia del programa Erasmus+ es creciente y el apoyo de la Unión Europea se hace patente en el presupuesto estimado para el periodo 2021-2027, que dobla la cantidad establecida en el periodo anterior, y que asciende a 26.200 millones de euros. Con esta inversión, se pretende que durante el periodo 2021-2027 el programa Erasmus+ atienda prioritariamente temas clave como la inclusión social, las transiciones ecológica y digital, y el fomento de la participación de las personas jóvenes en la vida democrática.

2.2. El proyecto LISTIAC

Entre los proyectos sobre multilingüismo que más recientemente han recibido el apoyo de la Unión Europea caben citarse los proyectos LISTIAC y MultiMind.

El proyecto LISTIAC fue desarrollado durante el periodo 2019 a 2022 y sus siglas corresponden a su nombre en inglés "Linguistically Sensitive Teaching in All Classrooms" que puede traducirse por "Enseñanza lingüísticamente sensible en todas las clases». Su objetivo principal es desarrollar una herramienta de reflexión en conexión con la teoría, para que el futuro profesorado y profesorado en activo se sensibilice ante situaciones de multilingüismo, es decir, aquellas en las que coexisten varias lenguas cooficiales en el aula, así como lenguas minoritarias y extranjeras que son aportadas por el repertorio lingüístico del alumnado.

De esta manera, se pretenden modificar las actitudes docentes que derivan de políticas monolingües, así como mejorar sus conocimientos y estrategias para afrontar los retos del aula multilingüe y convertir la clase en un espacio más inclusivo en el que se pueda sacar partido de la diversidad lingüística.

Del proyecto, emanan una serie de recomendaciones dirigidas a los responsables de las políticas (tanto a nivel nacional como supranacional), a los responsables de la formación docente y al profesorado.

Entre las recomendaciones dirigidas a los responsables de las políticas supranacionales, figuran las siguientes: (i) la redacción de políticas que promuevan un enfoque plurilingüe en la formación inicial del profesorado y que incluyan estrategias de sensibilización y apoyo para todos los idiomas presentes en el aula; (ii) examinar desde una perspectiva crítica el papel del inglés como lengua franca, y (iii) incentivar la realización de proyectos de investigación sobre este tema. A nivel nacional se recomienda relacionar la sensibilización multilingüe con la inclusión y equidad e incluirla como una de las competencias generales del profesorado.

En cuanto a las recomendaciones a los responsables de la formación inicial del profesorado, hay que destacar las siguientes: (i) crear espacios de reflexión sobre esta cuestión entre el futuro profesorado de manera trasversal a través de diversas asignaturas, (ii) promover un modelo de maestro basado en la investigación y en la investigación-acción participativa, que tenga en cuenta las necesidades multilingües locales y globales. Entre las recomendaciones dirigidas a los responsables de la formación permanente o continua del profesorado, cabe subrayar: (i) la inclusión de formación sobre la sensibilización multilingüe en la escuela como un todo que incluya a todo el personal docente y no docente y (ii) formar para el desarrollo de una práctica pedagógica que sea sensible y atienda el multilingüismo y la multiculturalidad.

Entre las recomendaciones dirigidas a la comunidad docente en activo, se encuentran las siguientes: (i) incluir la sensibilización multilingüe como una de las competencias docentes, (ii) desarrollar estrategias y conocimientos para comprender y atender las necesidades del aula multilingüe y (iii) solicitar a los responsables de la formación del profesorado cursos, recursos, etc., para poner en práctica esta línea de inclusión del alumnado de entornos lingüísticos y culturales diversos en el logro afectivo, social y cognitivo y así contribuir para superar las desigualdades educativas. También se aconseja (iv) trabajar en colaboración a todos los niveles posibles, incluyendo profesorado, dirección de los centros, familias, asociaciones, mediadores culturales, etc.

2.3. El proyecto MultiMind

Por su parte, el proyecto MultiMind ("The Multilingual Mind") se concibió como una plataforma de investigación sobre el multilingüismo aplicada a la formación desde un enfoque multidisciplinar y sectorial. Así, por una parte, incluye investigadores de disciplinas como la lingüística, la psicología, la educación, la neurociencia y la terapia del habla y el lenguaje. Por otra parte, investiga diversos espacios sociales y educativos, incluidos entornos de migración. El objetivo principal del proyecto es profundizar en el impacto del multilingüismo en el aprendizaje de lenguas, así como en el desarrollo de la cognición, la estructura del cerebro, la creatividad y la toma de decisiones. Para ello, investiga en cinco áreas fundamentales: (i) aprendizaje de idiomas, cognición y creatividad, (ii) procesamiento del lenguaje y cerebro multilingüe, (iii) Cognición plurilingüe y sociedad, (iv) trastorno del lenguaje en niños multilingües y (v) Multilingüismo en contextos de migración. Los resultados de las investigaciones en estas cinco áreas impactan en áreas cardinales como el aprendizaje de idiomas, la enseñanza de lenguas, estrategias docentes, los servicios educativos y sanitarios y la atención educativa a personas migrantes y refugiadas.

Son de gran interés los informes que han derivado del proyecto, accesibles a través de su página web y del enlace https://www.multilingualmind.eu/pol

icy-reports. Debido a su relevancia, se presenta a continuación un sucinto repaso por los cinco informes realizados y sus principales hallazgos.

2.3.1. Cómo mejorar la evaluación y el tratamiento de niños multilingües con trastornos del lenguaje

Las conclusiones de este informe indican que la detección de dislexia y trastornos evolutivos del lenguaje en la infancia en entornos multilingües se puede mejorar mediante la realización de tareas que no precisan de conocimiento léxico previo, como la repetición de no-palabras (Eikerling et al., 2022). Las tareas no lingüísticas pueden ser eficaces para trabajar la velocidad de procesamiento, la discriminación auditiva y visual, la atención, la memoria de trabajo y las funciones ejecutivas (Garraffa et al., 2019).

También es necesario contextualizar el desempeño lingüístico teniendo en cuenta los antecedentes lingüísticos e historia. Como recomendaciones para la capacitación en la terapia del habla y del lenguaje, se apuntan las siguientes: contar con información actualizada de investigaciones recientes, así como de recursos y materiales adecuados y actualizados y reevaluar de manera sistemática buenas prácticas, sobre todo, las resultantes de proyectos de colaboración académico-clínicos.

2.3.2. El efecto de la lengua extranjera en psicoterapia

En el contexto de una Europa lingüísticamente diversa, no es baladí para profesionales de la salud mental y el profesorado el comprender cómo y si el idioma empleado puede comprometer el éxito de las terapias psicológicas.

Las investigaciones realizadas confirman que el uso de un idioma extranjero no afecta negativamente a terapias contra el miedo (García-Palacios et al. 2018), ni a las terapias de regulación emocional, ni a las terapias de exposición (Harris, 2004). Además, para mejorar los efectos beneficiosos de la terapia, se recomienda ofrecer a los pacientes la posibilidad de realizar la sesión en su lengua materna o en un idioma extranjero (Ortigosa et al., 2023).

2.3.3. ¿El multilingüismo trae beneficios? ¿Qué piensan los profesores sobre el multilingüismo?

Este informe responde a estas dos preguntas. Según las investigaciones llevadas a cabo, el conocimiento de una o varias lenguas constituye una ventaja para el aprendizaje de más idiomas, debido a que el multilingüismo aumenta la plasticidad cerebral (Pereira Soares et al., 2021) y que las similitudes entre las lenguas facilitan la comprensión, la expresión y la conciencia gramatical (Pereira Soares et al., 2022). Además, del multilingüismo se derivan beneficios de carácter social (Castro et al., 2022). En cuanto a las actitudes del profesorado frente al multilingüismo, los estudios muestran una gran variabilidad entre los países europeos y subrayan que la formación del profesorado es clave para fomentar actitudes positivas, resultados que se encuentran en la misma línea que las conclusiones del proyecto LISTIAC, comentados anteriormente.

2.3.4. ¿Cómo apoyar el desarrollo del lenguaje y la lectoescritura en las aulas de lenguas extranjeras, de herencia (minoritaria) y la lengua mayoritaria?

Este informe investiga tres aspectos y tres contextos fundamentales en la adquisición de la lectoescritura: el aprendizaje de la lengua minoritaria, el de la lengua mayoritaria y el aprendizaje de lenguas extranjeras en la educación bilingüe.

En lo que respecta a las lenguas minoritarias, las investigaciones muestran dificultades en las destrezas escritas (lectura y escritura) en dicha lengua y en el léxico menos frecuente. Se comprueba que es eficaz emplear dibujos y movimiento en los niveles iniciales para fomentar la adquisición de vocabulario. El uso de técnicas kinestésicas como el dictado grupal parecen mejorar la conciencia gramatical en la lengua minoritaria.

En cuanto al desarrollo de la lectoescritura en la lengua mayoritaria, los estudios concluyen que las deficiencias en lectura del alumnado multilingüe desaparecen al final de la educación primaria, de manera que, en ese momento, no se observan diferencias significativas entre alumnado multilingüe y no multilingüe.

Al analizar la educación bilingüe en la que una lengua extranjera se emplea como medio de instrucción, el proyecto llega a dos importantes conclusiones. Por un lado, se determina que la educación bilingüe es beneficiosa para el desarrollo de la lectoescritura en ambas lenguas (la lengua extranjera y la materna), mientras que, por otro lado, se apunta a que el uso de una lengua extranjera como único vehículo puede no ser beneficiosa para la comprensión lectora y las destrezas matemáticas (Bosch et al., 2022), lo que ofrece un nuevo argumento a favor de la necesidad de aprovechar los distintos repertorios lingüísticos presentes en el aula para favorecer la cognición y comprensión académica, mediante técnicas y estrategias como el translenguaje (Cenoz & Gorter, 2022; García & Lin, 2016)

2.3.5. Multilingüismo en entornos migratorios: niños y adultos en la educación formal

Las investigaciones sobre las estrategias de enseñanza de la lengua mayoritaria de adultos y menores en entornos de migración es un área novedosa, que cobra especial relevancia a la luz del reciente incremento de las migraciones y la necesidad de estas poblaciones de aprender las lenguas de los países de acogida.

El estudio de los niños en entornos migratorios revela que las actividades con tarjetas didácticas (*flashcards*) y el uso de mímica son las estrategias más beneficiosas para el aprendizaje de vocabulario (Olioumtsevits et al., 2023).

Al analizar la respuesta de los adultos en situación de migración, las observaciones de aula revelaron que el profesorado no contemplaba el uso de las lenguas maternas de los aprendices, ni las incorporaban en sus métodos y materiales. El informe pone de manifiesto la necesidad de formación del profesorado ya que aquellos docentes que la habían recibido mostraban actitudes significativamente más positivas hacia el multilingüismo y mayor sensibilidad hacia los repertorios multilingües de su alumnado.

Según el profesorado, los aspectos más complejos en estos contextos son, por este orden, los siguientes: la enseñanza de la gramática, la explicación del vocabulario, el hallazgo y selección de materiales didácticos apropiados, la comunicación con estudiantes y familias, llevar la clase con alumnado con niveles de competencia lingüística muy dispares y lidiar con las diferencias culturales.

2.4. El Centro Europeo de las Lenguas Modernas

2.4.1. Misión del ECLM

Debido al volumen y trascendencia de los trabajos que se desarrollan en su seno, merece mención aparte, dentro de las iniciativas promovidas por el Consejo, El Centro Europeo de las Lenguas Modernas, más conocido por sus siglas en inglés ECML (European Centre of Modern Languages). El ECML fue fundado en 1994 y su sede se encuentra en Graz, (Austria). Desde entonces, su objetivo ha sido contribuir al fomento de la excelencia y la innovación en la enseñanza de idiomas, siendo catalizador de transformaciones y cambios. Para ello, colabora con los estados miembros para que implementen una educación lingüística de calidad y sus actuaciones se encuentran en la intersección entre política, investigación, formación y práctica docente. El Centro Europeo de las Lenguas Modernas pretende ser pionero en la enseñanza-aprendizaje de idiomas y es muestra del compromiso europeo con la educación lingüística y su consideración como pieza clave para fomentar el diálogo intercultural, así como la ciudadanía democrática y la cohesión social.

El ECML inicia y coordina programas de una duración de 4 años y desarrolla su trabajo tanto en el ámbito multilateral, como en el ámbito de la mediación de manera interna en cada uno de los países. Así, contribuye dentro de cada país en aspectos como la capacitación, consultoría y organización de actividades de promoción de las lenguas dirigidas a un público amplio. Entre estas actividades, destaca la organización de seminarios, webinarios, y conferencias, y, sobre todo, la celebración del Día Europeo de las Lenguas (EDL, *European Day of Languages*) el 26 de septiembre de cada año, que constituye una de las acciones más emblemáticas del Centro. El Día Europeo de las Lenguas cuenta con su propia web, disponible en 42 idiomas, abogando así por el plurilingüismo y superando el obstáculo que puede suponer el hecho de que las lenguas de trabajo, así como los documentos e informes emitidos por el Centro Europeo de las Lenguas Modernas sean únicamente inglés y francés.

2.4.2. Las nueve áreas de trabajo del ECLM para la excelencia en la enseñanza de lenguas

El ECML distribuye sus trabajos en nueve áreas. Seguidamente se enumeran estos campos temáticos y se aporta breve información, todo ello para dar cuenta de la ingente labor que realiza el ECML para la promoción del aprendizaje de lenguas y el plurilingüismo y la relevancia tanto de las áreas en las que se focaliza, como de los proyectos desarrollados y las guías, materiales y recursos elaborados.

2.4.2.1. Competencias del profesorado y del alumnado.

Entre los recursos más importantes de esta área de trabajo se encuentran: i) la guía de las competencias docentes para las lenguas en la educación y (ii) las comunidades de investigación-acción para profesores de idiomas, con documentos, modelos, instrumentos y guías detalladas para su implementación.

2.4.2.2. Lenguaje de signos.

El proyecto más relevante en esta área es ProSign, que constituye un hito en la promoción de la excelencia en la enseñanza del lenguaje de signos, gracias a su inclusión en el Marco Común Europeo de Referencia (MCER).

2.4.2.3. Educación plurilingüe e intercultural.

Uno de los principales proyectos de este ámbito es "EOL" "Entornos de aprendizaje donde florecen los idiomas modernos", que parte de un enfoque estratégico y global para la enseñanza-aprendizaje de idiomas en el marco del fomento de la cohesión social y la ciudadanía activa. Otros proyectos que reseñar son los siguientes: "Mejorar la enseñanza de idiomas en la formación profesional transfronteriza", "Desarrollar competencias docentes para enfoques pluralistas" y "Elementos básicos para la planificación de la formación docente sensible al lenguaje".

2.4.2.4. Nuevos medios en la educación lingüística.

Esta es un área de creciente interés. En este sentido, el ECML aspira a capitalizar los recursos que emergen de las nuevas tecnologías y nuevos medios, tales como las redes sociales. Los proyectos más relevantes en este campo promovidos por el ECML son los siguientes:

- E-lang ("Alfabetización digital para la enseñanza y aprendizaje de idiomas") pretende que los estudiantes se conviertan en usuarios competentes y autónomos del idioma, así como en ciudadanos digitales, mediante la incorporación de "tareas del mundo real" basadas en la interacción social.
- DOTS y MORE DOTS ("Desarrollo de habilidades de enseñanza en línea") cuyo objetivo es la creación de una comunidad de práctica para quienes enseñan en línea en entornos educativos formales e informales y parte de la idea de que el uso de los nuevos medios requiere no solo conocimientos técnicos, sino también pedagógicos.
- Otros proyectos desarrollados son BLOGS, que emplea el género del diario web para desarrollar habilidades de escritura interactiva auténticas mediante la comunicación e intercambio con otros colegios y EVOLLUTION, que aplica tecnología de vanguardia al aprendizaje de idiomas con una orientación profesional.

2.4.2.5. Educación de migrantes y empleo

En la actualidad, hay más de 50 millones de personas en Europa que viven en un país distinto de aquel en el que nacieron. La integración exitosa de los inmigrantes es un elemento crucial para promover la cohesión social. El aprendizaje del idioma del país de acogida es fundamental para ello. Los proyectos promovidos desde el ECML en esta área incluyen la creación de un sitio web que contiene herramientas para el desarrollo profesional y para el uso de la lengua meta para desenvolverse en el ámbito laboral.

Además, se pretende que dicha web actúe como plataforma para crear una red activa de profesionales, de manera que docentes y empleadores puedan compartir conocimientos y desarrollar buenas prácticas. Por otro lado, desde el ECML se ofrecen recursos para evaluar las competencias en el idioma de herencia del alumnado inmigrante y para mejorar la enseñanza de idiomas en la formación profesional transfronteriza.

2.4.2.6. Currículum y evaluación

Este campo de trabajo reconoce el papel capital que desempeñan la evaluación y la acreditación en la enseñanza de idiomas, e incluye herramientas que abordan no solo el proceso de redacción y calificación de exámenes estandarizados nacionales e internacionales, sino también la elaboración de pruebas informales en el aula.

En este sentido, destacan tres proyectos enfocados a favorecer la comprensión, y el uso pedagógico y evaluador del Marco Común Europeo de las lenguas (MCER). En primer lugar, el proyecto "CEFR-Qualimatrix", aporta una matriz de control de calidad para el uso del MCER. Además, proporciona guías claras y un catálogo de buenas prácticas para facilitar la planificación, la impartición y la evaluación del MCER. Otro proyecto de interés es el "VITbox" ("Kit de herramientas de implementación del Volumen complementario del MCER") cuya aportación se materializa en la elaboración de materiales multimodales de formación para que el docente pueda integrar nociones del MCER tales como el enfoque orientado a la acción, el aprendizaje basado en tareas, la concepción del alumnado como agente social, la interculturalidad y las tareas plurilingües.

Por su parte, el proyecto "METLA" ("La mediación en la enseñanza, el aprendizaje y la evaluación") se focaliza en familiarizar a los docentes con uno de los aspectos del MCER: la mediación lingüística, y dotarles de herramientas para que desarrollen y evalúen las habilidades de mediación de su alumnado. En esta área de trabajo se incluye también un enlace al Portafolio Europeo de las Lenguas, documento de reflexión y autoevaluación para que los aprendices reúnan sus experiencias lingüísticas y culturales de aprendizaje y autoevalúen sus competencias lingüísticas.

2.4.2.7. Aprendizaje temprano de idiomas

En los últimos años, un número creciente de estudios están poniendo de relieve la importancia del aprendizaje temprano de idiomas. La enseñanza temprana no está exenta de dificultades y desafíos. En este sentido, el ECML proporciona materiales de apoyo y formación para orientar al profesorado en la implementación de tareas pedagogías adecuadas, en conexión con enfoques plurilingües e interculturales. Los principales consejos a este respecto son los siguientes: (i) uso de métodos de enseñanza activos, comunicativos e interactivos, (ii) incorporación de las nuevas tecnologías, (iii) colaboración entre tutores, especialistas en idiomas y profesores de otras materias, (iv) realización de actividades que fomenten actitudes favorables hacia otros idiomas y culturas y (v) recabar la colaboración de los padres, forjando vínculos entre hogar y escuela. Dos de los proyectos más relevantes accesibles desde esta área de trabajo del ECML son "Inspirando el aprendizaje de idiomas en los primeros años" y "PALINGUI: Vías de aprendizaje de idiomas para niños pequeños", orientados a la formación del profesorado y a hacer visible el aprendizaje temprano de idiomas.

2.4.2.8. Aprendizaje integrado de contenidos y lenguas (AICLE)

El Aprendizaje Integrado de Contenidos y Lenguas Extranjeras (AICLE) y la educación bilingüe son cada vez más populares en toda Europa. El ECML contribuye al desarrollo del AICLE mediante el apoyo a publicaciones y proyectos como "El marco europeo para la educación docente en AICLE" ("*The European Framework for CLIL Teacher Education*"), "Desarrollo curricular para AICLE" ("Curriculum development for Content and Language Integrated Learning, CLIL CD)" y "Un enfoque de plurialfabetización de la enseñanza para el aprendizaje" ("A pluriliteracies approach to teaching for learning"), proyecto que parte del grupo Graz, integrado, entre otros, por Do Coyle, Roy Lyster, Oliver Meyer, Teresa Ting, Christiane Dalton-Puffer, Ana Halbach y David Lasagabaster. Aunque la mayoría de los programas y recursos para AICLE se refieren a la enseñanza de asignaturas en inglés, existen también proyectos como CLIL Start y CLIL Go que abordan el uso de otras lenguas extranjeras como el francés y alemán para la impartición de contenidos.

2.4.2.9. Las lenguas de escolarización

La enseñanza de idiomas no se limita a la enseñanza de lenguas extranjeras, sino que incorpora todos los aspectos lingüísticos de la escolarización. Esto incluye el idioma escolar mayoritario, los idiomas del hogar de los estudiantes, así como el idioma necesario para aprender cada materia. El ECML fomenta el desarrollo de proyectos como "Enseñanza de la lengua de escolarización en el contexto de la diversidad" (Maledive) y "Lengua mayoritaria en entornos multilingües" (Marille), que exploran cómo los enfoques plurilingües e interculturales pueden contribuir tanto a enriquecer la apreciación de la lengua y la literatura nacional o regional, como a la integración de todo el alumnado de la clase.

2.5. Otras iniciativas para la promoción del aprendizaje de idiomas: la plataforma ESEP

Una de las acciones más recientes de la UE es la construcción de la plataforma Europea de Educación Escolar (ESEP, *European School Education Platform*), que depende de la financiación de Erasmus+. La Plataforma Europea de Educación Escolar nace de la fusión de dos plataformas: School Education Gateway (Portal de Educación Escolar) y eTwinning. El Portal de Educación Escolar difunde contenidos sobre actualización pedagógica destinados a los profesionales de la educación y contaba con un espacio, la "academia de profesores" con ofertas de formación sobre metodologías y recursos innovadores. Por su parte, eTwinning promueve la realización de proyectos colaborativos online entre alumnado de al menos dos centros escolares de distintos países europeos.

Aunando las dos plataformas anteriores, la Plataforma Europea de Educación Escolar pretende constituirse en referencia de consulta de todas las partes interesadas en la educación: profesorado, equipos de dirección de centros educativos, investigadores, responsables de la política educativa, alumnado y familias. Además, parte de un enfoque comprensivo e internivelar, ya que abarca todas las etapas de enseñanza no universitaria: educación infantil, primaria, secundaria y formación profesional inicial.

Entre los objetivos de la plataforma se encuentran los siguientes:

- Proporcionar información actualizada sobre educación, incluyendo artículos de prensa, artículos de opinión de expertos, noticias de actualidad, entrevistas, y ejemplos de buenas prácticas.
- Facilitar el acceso a informes de investigaciones recientes, así como de material didáctico desarrollado en los diversos proyectos europeos en marcha.
- Ofrecer, en colaboración con la academia de profesores, cursos de formación para el profesorado para potenciar su desarrollo profesional a través de cursos y seminarios gratuitos en línea y difusión de materiales didácticos.
- Centralizar la información necesaria para ayudar a los centros educativos a preparar solicitudes para diversas acciones de Erasmus+, y, especialmente, difundir el catálogo de cursos, las oportunidades de movilidad y la búsqueda de asociaciones estratégicas.
- Albergar la comunidad eTwinning.

La plataforma eTwinning se destinaba inicialmente a la realización de proyectos entre centros no universitarios europeos, pero incluye recientemente también proyectos a realizar en las universidades dentro de grados y programas de formación inicial del profesorado. Entre los objetivos principales de eTwinning se pueden enumerar los siguientes:

- Fomentar la comprensión intercultural,
- Promover la dimensión europea,
- Introducir el uso de las nuevas tecnologías como estrategia docente
- Facilitar la implementación de metodologías colaborativas
- Desarrollar las habilidades lingüísticas en distintos idiomas proporcionando situaciones significativas y reales de comunicación

Los principales beneficios de la participación del profesorado en proyectos eTwinning se relacionan con (i) su propio dominio de las lenguas extranjeras, (ii) el desarrollo de metodologías docentes como el aprendizaje basado en proyectos (ABP), la enseñanza y evaluación de competencias transversales, el fomento de la autonomía y de la creatividad, y la incorporación de nuevas herramientas digitales al proceso de enseñanza-aprendizaje, (iii) mejora de sus estrategias para enseñar en un entorno multicultural o multilingüe, (iv) mayor comprensión de la necesidad de colaboración con profesorado de otras asignaturas, y (v) adquisición de recursos para comunicarse con el alumnado y las familias (Kearney & Gras-Velázquez, 2015).

Según el alumnado, eTwinning es una experiencia de aprendizaje distinta que contribuye a valorar y conocer la diversidad de la cultura europea y a desarrollar nuevas habilidades (Cassells et al., 2016). Los docentes atribuyen a la participación en estos proyectos beneficios para el alumnado, principalmente en lo que respecta al incremento de su motivación e implicación, a la mejora de sus relaciones interpersonales y a la colaboración y a la adquisición de estrategias de aprendizaje (Gilleran & Kearney, 2014). Para Nieto Moreno de Diezmas y Ortiz Calero (2017) uno de los mayores beneficios observados en el alumnado es el esfuerzo motivacional para comunicarse, debido a que el proyecto proporciona entornos significativos más reales y naturales.

Por otro lado, eTwinning extiende la posibilidad de participación a la formación inicial del profesorado en la universidad. Esta es una estrategia para fomentar que el futuro profesorado conozca estos programas desde la experiencia y esté preparado para poderlos implementar cuando acabe su formación y se incorpore al servicio activo. La plataforma proporciona los medios para contactar con socios, difundir propuestas y también contiene ejemplos de actividades

y proyectos. Entre los beneficios que se derivan de la participación del futuro profesorado en estos programas, la plataforma prevé los siguientes:
- Descubrir y diseñar metodologías de aprendizaje basado en proyectos.
- Implementar modelos de trabajo multidisciplinares.
- Mejorar las propias competencias lingüísticas.
- Conocer y emplear nuevas herramientas digitales.
- Experimentar contactos con otras culturas europeas.
- Conocer e intercambiar prácticas y materiales con profesorado de otros sistemas educativos.
- Desarrollar competencias profesionales necesarias en el futuro como la planificación, diseño y gestión de proyectos, así como el trabajo en equipo.
- Fomentar prácticas como la reflexión sobre la propia práctica profesional.

En definitiva, la Plataforma Europea de Educación Escolar Europa reúne recursos y materiales educativos de alta calidad de toda Europa en un solo lugar, además de aportar información sobre becas, intercambios y cursos de formación. Proporciona la posibilidad de colaborar en proyectos educativos con otras instituciones y profesorado europeo y pretende, por tanto, contribuir a crear sinergias en pos de la innovación y mejora educativa en toda Europa.

Referencias

Bosch, J.E., Tsimpli, I. M. & Guasti, M. T. (2022). How English-medium instruction affects language and learning outcomes of children in the Maldives. *Journal of English-Medium Instruction*. https://doi.org/10.1075/jemi.22001.bos

Cassells, D., Gilleran, A., Morvan, C., & Scimeca, S. (2016). *Etwinning generation*. Central Support Service of eTwinning - European Schoolnet. https://www.etwinning.net/eunfiles/generation/en.pdf

Castro, S., Bukowski, M., Lupiáñez, J., & Wodniecka, Z. (2022). Bilingualism is related to reduced social biases: The role of cognitive flexibility and motivation to respond without prejudice. https://doi.org/10.31234/osf.io/ebvzt

Cenoz, J., & Gorter, D. (2022). *Pedagogical Translanguaging*. Cambridge University Press.

Eikerling M., Bloder T., & Lorusso M. L. (2022). A Nonword Repetition Task Discriminates Typically Developing Italian-German Bilingual Children from Bilingual Children With Developmental Language Disorder: The Role of Language-Specific and Language- Non-specific Nonwords. *Frontiers in Psychology*. https://doi: 10.3389/fpsyg.2022.826540

García, O., & Lin, A. M. Y. (2016). Translanguaging in Bilingual Education. En O. Garcia, A. Lin, & S. May (Eds.), *Bilingual and Multilingual Education* (pp. 1-14). Springer International Publishing. https://bit.ly/3ImTvCy

García-Palacios, A., Costa, A., Castilla, D., Del Río, E., Casaponsa, A., & Duñabeitia, J. A. (2018). The effect of foreign language in fear acquisition. *Scientific Reports, 8*(1), 1-8. https://doi.org/10.1038/s41598-018-19352-8

Garraffa, M., Vender, M., Sorace, A., & Guasti, M. T. (2019). Is it possible to differentiate multilingual children and children with Developmental Language Disorder? *Languages, Society and Policy*. https://doi.org/10.17863/CAM.37928

Gilleran, A., & Kearney, C. (2014). *Developing pupil competences through eTwinning*. Central Support Service of eTwinning - European Schoolnet. http://files.eun.org/etwinning/book2014/EN_Etwinning_2014.pdf

Harris, C. L. (2004). Bilingual speakers in the lab: psychophysiological measures of emotional reactivity. *Journal of Multilingual and Multicultural Development, 25*, 223–247. DOI: 10.1080/01434630408666530

Kearney, C., & Gras-Velázquez, À, (2015). *eTwinning Ten Years On: Impact on teachers' practice, skills, and professional development opportunities, as reported by eTwinners*. Central Support Service of eTwinning - European Schoolnet. https://www.etwinning.net/eun-files/eTwinningreport_EN.pdf

Nieto Moreno de Diezmas, E., & Ortiz Calero, C. (2017). Bilingüismo e interculturalidad en educación infantil: aprendiendo por proyectos. *Multiárea. Revista de Didáctica, 9*, 24-37.

Olioumtsevits, K., Papadopoulou, D., & Marinis, T. (2022). Vocabulary Teaching in Refugee Children within the Context of the Greek Formal Education. *Languages, 8*(1), 7. http://dx.doi.org/10.3390/languages8010007

Ortigosa-Beltrán, I., Duñabeitia, J.A., Costumero, V., Castilla, D., Jaén, I., Costa, A., & García-Palacios, A. (2023) Languages and Psychotherapy: The Effect of Foreign Language on Fear Extinction. *Psicothema, 35*(1), 30-40. https://doi.org/10.7334/psicothema2022.326.

Pereira Soares, S. M., Kubota, M., Rossi, E., & Rothman, J. (2021). Determinants of bilingualism predict dynamic changes in resting state EEG oscillations. *Brain and Language, 223*, https://doi.org/10.1371/journal.pone.0265563

Pereira Soares, S. M., Kupisch, T., & Rothman, J. (2022). Testing potential transfer effects in heritage and adult L2 bilinguals acquiring a mini grammar as an additional language: an ERP approach. *Brain Sciences, 12*(5). https://doi.org/10.3390/brainsci12050669

Souto-Otero, M., Gehlke, A., Basna, K., Dóka, Á., Endrodi, G., Favero, L., & Stiburek, Š. (2019). *Erasmus+ higher education impact study*. Oficina de publicaciones de la Unión Europea. https://data.europa.eu/doi/10.2766/162060

Webgrafía

Día europeo de las lenguas. https://edl.ecml.at/

Erasmus+. Inicio | Erasmus+ (europa.eu)

European Centre for Modern Languages (Centro Europeo para las lenguas modernas). ECML/CELV > Home

Proyecto LISTIAC. Home - Listiac

Proyecto MULTIMIND. Multilingualism | Research | MultiMind (multilingualmind.eu)

ABC# Sección II. Políticas lingüísticas familiares de apoyo al aprendizaje de lenguas: el bilingüismo no nativo

Capítulo 3. La política lingüística familiar como área de investigación: definición, alcance y prácticas

Este capítulo da inicio a la segunda sección de esta monografía, que se dedica a explorar el bilingüismo en el seno familiar. Para ello, se aborda el área de conocimiento que estudia el bilingüismo y el aprendizaje de lenguas en las familias: la política lingüística familiar, más conocida por sus siglas en inglés FLP (*family language policy*). Tras contextualizar la emergencia de esta área de investigación, se aportarán definiciones de su campo de estudio y se explicitarán sus objetivos principales.

Posteriormente, se ofrecerá una caracterización de la política lingüística familiar como área interdisciplinar en la intersección de disciplinas como la política lingüística, la sociolingüística, la psicolingüística y la antropología, especificando las aportaciones principales que emanan de cada una de estas áreas, así como las líneas de investigación más relevantes. Se dará cuenta de los principales factores internos y externos que modelan las políticas lingüísticas familiares y que coadyuvan, bien a la continuación de las prácticas y al aprendizaje de las lenguas minoritarias, o a su abandono. El capítulo finalizará con un recorrido por las principales estrategias que las familias ponen en práctica para promover el aprendizaje de lenguas extranjeras.

3.1. La política lingüística familiar: definición y objetivos

La política lingüística familiar, conocida en el contexto académico por sus siglas en inglés (FLP, *family language policy*) constituye un área de investigación reciente que se consagra a estudiar desde un punto de vista integrado "cómo se manejan, aprenden y negocian los idiomas dentro de las familias" (King et al., 2008, p. 907).

En un contexto dominado por la globalización y las continuas transformaciones demográficas, debido a intensidad de la movilidad, la característica más definitoria de nuestra sociedad es la superdiversidad (Vertovec, 2007). La migración transnacional en Europa de ciudadanos europeos y extraeuropeos ha dado lugar a un número creciente de familias multilingües, de manera que han dejado de ser una excepción para convertirse "en algo común en el siglo XXI" (Hua & Wei, 2016, p. 655).

Por ello, existe un creciente interés acerca de "cómo las familias realmente toman decisiones sobre el uso del idioma" (Curdt-Christiansen & Lanza, 2018, p. 124), qué estrategias desarrollan y cuáles son las dificultades y apoyos que encuentra el multilingüismo en el seno familiar. Así, la política lingüística familiar está encontrando su lugar como área de investigación con entidad propia por su relevancia tanto desde el punto de vista de la investigación, como para las familias y la sociedad en su conjunto (King & Lanza, 2017).

La política lingüística familiar se define como "el conjunto de decisiones y acciones que los miembros de una familia toman para fomentar o limitar el uso de una o varias lenguas en el hogar, y que tienen como objetivo mantener o desarrollar la competencia lingüística de los hablantes en esas lenguas" (Lanza, 2004, p. 6). De esta manera, se enfatizan no solo las prácticas, sino también las decisiones que los miembros de una familia adoptan en relación con el uso y el aprendizaje de las lenguas en el hogar.

La definición de King et al. (2008), por su parte, pone de manifiesto dos elementos: el carácter consciente de las políticas lingüísticas familiares y su limitación espacial al ámbito del hogar y/o personal a los miembros de la familia, de modo que definen la FLP como "una planificación explícita y manifiesta en relación con el uso del lenguaje dentro del hogar y entre los miembros de la familia" (King et al. 2008, p. 907).

Los objetivos de la política lingüística familiar pueden variar dependiendo de la situación lingüística y cultural de la familia y de las necesidades y metas de cada familia en particular. En el caso de las familias multilingües, contexto en el que se originan las primeras investigaciones sobre política lingüística familiar, el fin fundamental es preservar la lengua y cultura de origen, de manera que el patrimonio cultural y lingüístico pueda transmitirse a los descendientes y de ahí a las generaciones futuras. Muchas veces, la preservación de las lenguas familiares o minoritarias se enfoca a facilitar la comunicación y el entendimiento entre miembros de la familia; de otro modo se pondría en peligro la comunicación intergeneracional.

Aunque el campo de la investigación sobre las políticas lingüísticas familiares nació inicialmente ligado al fenómeno de las familias multilingües, es decir, aquellas familias en las que la lengua materna de uno o de los dos los progenitores no es la misma que la del entorno social, también existe una política lingüística destinada, en este caso, a fomentar el aprendizaje de lenguas extranjeras. En este caso, los objetivos fundamentales se vinculan a preparar a los niños para un mundo globalizado y multicultural y mejorar sus posibilidades laborales. Este tipo de políticas lingüísticas familiares se abordarán en el capítulo 4.

3.2. La política lingüística familiar como área interdisciplinar

La política lingüística familiar pretende entender el uso de las lenguas en el contexto familiar, así como las decisiones que las familias toman sobre dicho uso desde un punto de vista integral, lo que da lugar a situar esta área de conocimiento en la intersección de varias disciplinas.

Así, la FLP se relaciona con:

(i) la política lingüística general (*language policy*), ya que las políticas lingüísticas familiares pueden estar influenciadas por las políticas lingüísticas nacionales o regionales, incluyendo la provisión de educación bilingüe;
(ii) la sociolingüística, puesto que la política lingüística familiar implica el estudio de cómo las familias toman decisiones sobre el uso de las lenguas en el hogar, así como sobre la relación entre las prácticas lingüísticas de la familia y el contexto social y cultural en el que se desenvuelve;
(iii) la psicolingüística, por sus relaciones con la adquisición de las lenguas y de cómo se aprende a hablar y a utilizar las lenguas en el contexto familiar y
(iv) la antropología, dado que la política lingüística familiar está vinculada con la cultura y las prácticas culturales de las familias en relación con el uso de las lenguas, así como en su evolución a lo largo del tiempo.

3.2.1. Política lingüística familiar y política lingüística en general

La política lingüística (*language policy*) puede determinar las propias políticas lingüísticas familiares, por medio de instrumentos como la normatividad, las percepciones sociales, los recursos y la educación.

Como destaca Cenoz (2019), una planificación lingüística adecuada es fundamental para asegurar la protección y promoción de las lenguas minoritarias ya que las políticas lingüísticas nacionales, regionales e, incluso, internacionales, pueden establecer normas, regulaciones y leyes relacionadas con el uso y aprendizaje de idiomas que pueden influir positiva o negativamente en las decisiones que las familias toman respecto a la educación lingüística de sus hijos. Si las normas en un país o región concreto desarrollan una política lingüística monolingüe, las familias pueden priorizar el aprendizaje de la lengua social y educativa y abandonar sus prácticas familiares multilingües para evitar una falta de integración escolar y social de sus hijos. Del mismo modo, la normatividad puede ser un factor limitante para la política lingüística familiar. Por ejemplo, en países donde se prohíbe el uso de ciertas lenguas minoritarias en ámbitos públicos, las familias que hablan dichas lenguas pueden verse obligadas a limitar su uso en el hogar para evitar la discriminación o el estigma social.

Por el contrario, las políticas lingüísticas pueden contribuir a revertir el desplazamiento lingüístico y revitalizar lenguas minoritarias (Fishman, 1991; Ricento, 2018). En España, la normalización lingüística implementada a partir de la constitución de 1978 y las leyes de normalización de 1982 y 1983 son un ejemplo de cómo se pueden implementar medidas para proteger y promover las lenguas minoritarias en un país plurilingüe, con el objetivo de garantizar el uso y conservación de las mismas. Las leyes de normalización fomentaron el uso del catalán, el gallego y el vasco en la sociedad, en las instituciones, en la educación, en los medios de comunicación, la administración pública y otros ámbitos, lo que impactó en las políticas lingüísticas familiares y en el uso público de estas lenguas.

Por su parte la normativa europea pretende fomentar y proteger el multilingüismo mediante diversas acciones (cf capítulos 1 y 2). El multilingüismo y la diversidad lingüística forman parte de su identidad, de manera que las instituciones europeas muestran su compromiso con la protección y promoción de las lenguas minoritarias, con acciones como la Resolución del Consejo de 21 de noviembre de 2008 relativa a una estrategia europea en favor del multilingüismo, La Carta Europea de las Lenguas Regionales o Minoritarias, y la Red de Lenguas Minoritarias de la UE. De esta forma, la política lingüística europea posibilita el desarrollo de políticas lingüísticas familiares que aspiren a la conservación y preservación de sus lenguas y culturas de herencia.

Por otro lado, las políticas lingüísticas también pueden verse afectadas por la disponibilidad de recursos y apoyos para la enseñanza y aprendizaje de diferentes idiomas. Así, si el gobierno ofrece programas de educación bilingüe o apoyo a la enseñanza de ciertas lenguas (dentro o fuera del horario escolar), y si las familias tienen acceso a recursos para apoyar el bilingüismo en el hogar, es más probable que sean más proclives a adoptar una política lingüística que incluya dichos idiomas.

Todo ello se conecta con las percepciones sociales, ya que las políticas lingüísticas nacionales o regionales pueden influir en las percepciones sociales sobre el uso de las lenguas en el hogar. De este modo, si una sociedad valora el monolingüismo, es posible que las familias que adoptan una política lingüística bilingüe sean vistas como "anormales" o "inapropiadas" y ello derive en el abandono de las prácticas multilingües en el seno familiar.

En definitiva, como señala García (2009) existe un sistema más amplio de políticas lingüísticas que afectan la vida de las personas en diferentes ámbitos, incluyendo la política lingüística familiar. Por ello, es fundamental observar e investigar cómo las políticas lingüísticas a nivel local, nacional e internacional afectan a la educación bilingüe y al uso de los idiomas en el hogar.

3.2.2. Aportaciones de la sociolingüística al marco de reflexión e investigación de la FLP

Dado que las prácticas multilingües familiares constituyen una forma de socialización lingüística, la sociolingüística ofrece importantes marcos para el análisis y comprensión del campo de la política lingüística familiar, ya que se centra en el estudio de la relación entre la lengua y la sociedad. Como aportaciones principales de la sociolingüística a la investigación de la política lingüística familiar, cabe destacar las siguientes:

a) Identificación de las prácticas lingüísticas familiares. La sociolingüística ha desarrollado herramientas para identificar y analizar las prácticas lingüísticas de las familias, incluyendo las actitudes hacia las lenguas que se hablan en el hogar, el grado de uso y el mantenimiento de las lenguas, entre otros aspectos (Gorter, 2018).
b) Análisis del impacto de la política lingüística en las familias. La sociolingüística ha investigado el impacto de las políticas lingüísticas en las familias, examinando cómo las políticas influyen en las prácticas lingüísticas de las familias (García & Wei, 2014).
c) Estudio de las actitudes y valores lingüísticos. La sociolingüística ha investigado las actitudes y valores lingüísticos de las familias, incluyendo las percepciones sobre las lenguas minoritarias, las lenguas extranjeras y las lenguas mayoritarias (Fishman, 1980).
d) Análisis del bilingüismo y el multilingüismo en las familias. La sociolingüística ha estudiado el bilingüismo y el multilingüismo en las familias, examinando cómo se adquieren y mantienen las lenguas en situaciones de contacto lingüístico (Lanza & Svendsen, 2007), y cómo los niños desarrollan sus habilidades lingüísticas en varios idiomas.
e) Evaluación de las políticas de educación lingüística en las familias. La sociolingüística ha evaluado el impacto de las políticas de educación lingüística en las familias, investigando cómo estas políticas afectan a la elección de lenguas en la educación, y cómo las familias se adaptan a estas políticas.

3.2.3. Psicolingüística y política lingüística familiar

La psicolingüística constituye otra de las áreas de conocimiento de las que se nutre la investigación sobre la política lingüística familiar, concretamente al abordar cuestiones relacionadas con la adquisición de las lenguas, procesamiento, producción y comprensión del lenguaje. Además, proporciona una variedad de métodos para estudiar estos fenómenos, como la experimentación, la observación, la modelización computacional y el análisis de datos lingüísticos. Las contribuciones más relevantes de la psicolingüística a la investigación de la política lingüística familiar se relacionan con el desarrollo del lenguaje en los niños y la adquisición de lenguas.

La adquisición del lenguaje es una de las preocupaciones de la crianza bimultilingüe y la psicolingüística se ha interesado en este aspecto, ofreciendo valiosos estudios, cuyos resultados son relevantes en el campo de la política lingüística familiar. Así, Baker (2006) estudió este proceso en familias bilingües y multilingües. En su investigación, dio cuenta de cómo se produce la adquisición simultánea de lenguas, así como de los errores y aciertos de los niños, los cuales se relacionan con teorías lingüísticas como la interferencia y la transferencia lingüísticas, respectivamente.

Por su parte, De Houwer (2007) investigó las relaciones entre el uso de la lengua meta por parte de los hijos y los patrones lingüísticos que ofrecen los padres. De Jong (2011) exploró la transición desde la oralidad a la lectoescritura en familias plurilingües y Bialystok (2001) analizó cómo los niños bilingües aprenden a leer y escribir en dos lenguas y demostró la existencia de efectos positivos del bilingüismo en el desarrollo cognitivo. Es preciso, por tanto, avanzar en las investigaciones sobre adquisición de las lenguas de herencia en sus vertientes oral y escrita, puesto que es una de las preocupaciones de las familias multilingües, que muchas veces sustraen la lengua minoritaria del hogar para evitar retrasos en el colegio. En este sentido, Peña (2015) se ha dedicado a estudiar la evaluación del lenguaje en niños bilingües y la utilización de instrumentos adecuados para ello. Esta autora llega a la conclusión de que, muchas veces, se detecta en el ámbito escolar que el alumnado que ha sido criado en una lengua distinta de la lengua mayoritaria registra retrasos en el manejo académico de esa lengua, cuando, en realidad, el problema estriba en que los instrumentos de medida y evaluación no están adaptados a este tipo de alumnado.

3.2.4. La antropología y el estudio de la política lingüística familiar

La antropología lingüística es una disciplina que se dedica al estudio de las lenguas y las culturas humanas. Esta disciplina ha realizado importantes aportaciones a la investigación de la política lingüística familiar, especialmente en relación con el papel que juegan las lenguas en la construcción de la identidad y las relaciones sociales. Entre las principales aportaciones de la antropología a la investigación de la política lingüística familiar se encuentran:

a) El estudio de las prácticas lingüísticas en contextos culturales específicos. La antropología lingüística ha posibilitado el estudio de las prácticas lingüísticas en contextos culturales específicos, lo que ha permitido comprender la relación entre las lenguas y las culturas, así como el papel que juegan las lenguas en la construcción de la identidad y las relaciones sociales (Heller, 2011). En este sentido, es necesario precisar que, en una sociedad fuertemente digitalizada, el estudio de la construcción de la identidad y las relaciones sociales en entornos digitales, está cobrando un gran auge (Blommaert, 2019), por lo que es un factor que hay que tener en cuenta en los procesos de toma decisiones e implementación de prácticas en el seno de la política lingüística familiar.

b) El análisis de la diversidad lingüística. Mediante los instrumentos que proporciona la antropología lingüística se ha podido analizar la diversidad lingüística en contextos familiares, comunitarios y políticos (Holmes & Marra, 2018), para poder así comprender la importancia de las lenguas minoritarias y el impacto de las políticas lingüísticas en su preservación o desaparición.

c) La observación de las dinámicas de cambio lingüístico. La antropología lingüística se interesa por el estudio de las dinámicas de cambio lingüístico en contextos familiares y comunitarios, lo que ha permitido comprender las razones que hay detrás de la adopción o abandono de ciertas lenguas en determinados contextos (Irvine & Gal, 2000).

d) La investigación del impacto de las políticas lingüísticas en las comunidades. La antropología lingüística ha permitido el análisis de las políticas lingüísticas y su impacto en las comunidades, así como su efecto respecto de la construcción de la identidad y de las relaciones sociales en su seno (Niedzielski & Preston, 2018).

3.3. Factores internos y externos que modelan las políticas lingüísticas familiares

Como se decía en los apartados anteriores, a pesar de que las familias son unidades sociales que establecen sus propias reglas y toman sus propias decisiones, no son islas y están influenciadas por factores externos, ya que interactúan y se integran en contextos sociolingüísticos, sociopolíticos, socioculturales y socioeconómicos más amplios.

En este sentido, Curdt-Christiansen (2018) observa que las políticas lingüísticas familiares se conforman en torno a la concomitancia de dos tipos de elementos: fuerzas externas y fuerzas internas. Las fuerzas externas a las que se enfrentan las familias multilingües están conectadas con los siguientes factores: (i) posturas ideológicas generadas en la sociedad, tales como el estatus que se atribuye a la/s lengua/s minoritaria/s del hogar (Curdt-Christiansen, 2016), (ii) la política lingüística oficial y las políticas educativas y (iii) la presencia de una comunidad lingüística que pueda apoyar la socialización y el aprendizaje de idiomas.

Las fuerzas internas, por su parte, son también de vital importancia para la construcción de la política lingüística familiar. Para King y Fogle (2008), entre los factores internos más relevantes cabe mencionar: (i) las experiencias favorables de los padres en el aprendizaje de idiomas (ii) Los antecedentes educativos de los padres (Curdt-Christiansen, 2009), (iii) la edad, (iv) la disponibilidad de tiempo, (v) el buen juicio para seleccionar y discernir lo que mejor aplica al caso entre a) los consejos de expertos, b) la literatura popular y c) las opiniones de sus familias y amigos sobre los recursos, estrategias y resolución de problemas ligados con la política lingüística familiar y (vi) las emociones ligadas a la lengua y a su aprendizaje. Precisamente, las emociones parecen desempeñar un papel determinante en la preservación o no de la lengua minoritaria en el seno familiar (Curdt-Christiansen, 2018). Para De Houwer (2015) es fundamental que las familias multilingües contribuyan a un "desarrollo bilingüe armonioso", que es "la experiencia de bienestar en una situación de contacto lingüístico que involucra a los niños pequeños y sus familias" (De Houwer, 2015, pág. 169). La falta de atención al bienestar infantil y familiar o la priorización del aprendizaje de idiomas sobre el desarrollo afectivo podría ser muy perjudicial y tener consecuencias negativas como el distanciamiento emocional y el desarrollo de sentimientos de exclusión, además de conducir a la no preservación de la lengua meta (De Houwer, 2006).

3.4. Políticas lingüísticas familiares para fomentar el aprendizaje de lenguas extranjeras

El creciente interés de las familias por fomentar el aprendizaje de lenguas extranjeras por parte de sus hijos se ve influido, especialmente, por fuerzas externas. Entre ellas, cabe citar el papel relevante que la Unión Europea atribuye al plurilingüismo. Además, su eficiente modelo consigue que la multitud de iniciativas que fomenta se capilaricen, por medio de distintas instituciones, hasta llegar al sistema educativo y a las familias e individuos (cf., cap. 1 y 2) transmitiendo la necesidad de aprender lenguas.

Algunas de las acciones más populares que las familias emprenden para potenciar el aprendizaje de lenguas son las siguientes:

- Clases particulares, incluidas conversaciones con nativos. Las clases particulares de inglés en academias es una práctica ampliamente extendida en España (Nieto Moreno de Diezmas & Alarcón Utrera, 2022). Existen franquicias especializadas en la exposición al inglés desde edades muy tempranas, incluso con anterioridad a que se haya comenzado a producir el habla en la lengua materna. Se trata de un negocio muy diversificado que abarca progresivamente distintos objetivos educativos, que van desde el refuerzo de la asignatura del inglés en el colegio o instituto a la adquisición de niveles más altos y a la certificación de los niveles del MCER necesarios o deseados en cada caso.
- Guarderías y colegios bilingües. Muchas familias, cuando tienen que llevar a sus hijos a guarderías, seleccionan aquellas con oferta de exposición a la lengua meta. Más tarde, cuando ya tienen edad de escolarización, existe la posibilidad de matricularlos en colegios bilingües, de manera que se refuerce el contacto con el idioma también en el entorno escolar. A pesar de que existe la percepción de que la escuela no es suficiente (Codó, 2022; Nieto Moreno de Diezmas & Custodio Espinar, 2022), la cifra de alumnado matriculado en programas bilingües no hace más que aumentar en los últimos años (ver Tabla 5.1).
- Campamentos de verano locales. Los campamentos de verano locales pueden ser una alternativa a las estancias en el extranjero, que presentan una inversión que no todos los hogares pueden permitirse. Existe también un próspero negocio, que merece mayor estudio, alrededor de esta práctica, con una multitud de empresas y ofertas muy diversas que incluyen desde clases al uso hasta experiencias inmersivas más integradas en las que la lengua meta es la lengua de comunicación durante toda la jornada e incluso el personal, monitores etc., son hablantes nativos de dicha lengua. El estudio de Tragant et al. (2017) con participantes de 11 a 13 años, indica que tanto el formato de clases como el de inmersión toda la jornada son muy efectivos para proporcionar una mejora significativa de la L2, incluso a pesar de la relativa brevedad de la duración de estos programas (menos de un mes).
- Estancias en el extranjero. Viajar al extranjero en familia es una práctica al alcance de algunas de las familias. Cuando los niños crecen, las estancias en el

extranjero y los intercambios de estudiantes son prácticas cada vez más extendidas en todo el mundo, y especialmente en el continente asiático, pionero en las estancias de niños y niñas cada vez más jóvenes. En este sentido Kim et al. (2014), además de detectar esta práctica, analizan el choque cultural que estos niños que viajan al extranjero durante un curso escolar tienen que enfrentar sin el apoyo de sus progenitores. Sauer y Ellis (2019), por su parte, estudian las vidas de dos adolescentes alemanes durante su estancia de un curso escolar en Nueva Zelanda y su mejora en la L2. La investigación muestra que el avance en inglés fue más bajo en uno de ellos y que la existencia de un círculo social de estudiantes alemanes fue uno de los factores contraproducentes. En este sentido, aunque con estudiantes de intercambio mayores de 20 años, el trabajo de Baker-Smemoe et al. (2014) ya había indicado que uno de los mayores predictores de la mejora en el aprendizaje de la L2 -junto con la sensibilidad cultural- son las redes sociales, es decir las amistades y las lenguas que usan para comunicarse.

- La inmersión en el hogar y el bilingüismo no nativo. La mayoría de las prácticas anteriormente descritas, con excepción de la escolarización en colegios e institutos bilingües públicos, conllevan una inversión económica importante. En el caso de la creación de entornos de inmersión en el hogar, la inversión tiene un carácter más personal y emocional. Esta es una práctica que se estudiará con más detalle en el capítulo siguiente y que incluye desde actividades menos exigentes para la familia, como exponer a los niños a programas televisivos, canciones o cuentos en lengua extranjera, a otras que requieren un mayor esfuerzo parental, como es establecer la lengua extranjera como lengua de comunicación en el hogar. En este caso, se suele dar la circunstancia de que uno o ambos progenitores tienen un nivel suficiente en la L2 y el objetivo es establecer un bilingüismo no nativo en el seno del hogar.

Referencias

Baker, C. (2006). *Foundations of bilingual education and bilingualism* (4th ed.). Multilingual Matters

Baker-Smemoe, W., Dewey, D. P., Bown, J., & Martinsen, R. A. (2014) Variables affecting L2 gains during study abroad. *Foreign Language Annals, 47* (3), 464-486.

Cenoz, J. (2019). Language policy and planning in multilingual contexts. En *The Routledge Handbook of Translation and Politics* (pp. 65-80). Routledge.

Bialystok, E. (2001). *Bilingualism in Development: Language, Literacy, and Cognition*. Cambridge University Press.

Blommaert, J. (2019). *Durkheim and the Internet: Sociolinguistics and the Sociological Imagination*. New York: Routledge

Codó, E. (2022) The dilemmas of experimental CLIL in Catalonia, *Journal of Multilingual and Multicultural Development, 43*(4), 341-357. https://doi.org// 10.1080/01434632.2020.1725525

Consejo de la Unión Europea (2008) RESOLUCIÓN DEL CONSEJO de 21 de noviembre de 2008 relativa a una estrategia europea en favor del multilingüismo (2008/C 320/01)

Curdt-Christiansen, X. L. (2016). Conflicting language ideologies and contradictory language practices in Singaporean bilingual families. *Journal of Multilingual and Multicultural Development, 37*(7), 694-709.

Curdt-Christiansen, X. (2018). Family language policy. En J. Tollefson, & M. Pérez-Milans (Eds.), *The Oxford handbook of language policy and planning*. Oxford University Press.

Curdt-Christiansen, X., & Lanza, E. (2018). Language management in multilingual families: Efforts, measures and challenges. *Multilingua, 37*(2), 123-130. https://doi.org/10.1515/multi-2017-0132

De Houwer, A. (2006). Le développement harmonieux ou non harmonieux du bilinguisme de l'enfant au sein de la famille. *Language et Société, 116*(2), 29-49. https://doi.org/10.3917/ls.116.0029

De Houwer, A. (2007). Parental Language Input Patterns and Children's Bilingual Use. *Applied Psycholinguistics, 28*(3), 411-424.

De Houwer, A. (2015). Harmonious bilingual development: Young families' well-being in language contact situations. *International Journal of Bilingualism, 19*(2), 169-184. https://doi.org/10.1177/1367006913489202

De Jong, E. J. (2011). Towards a Family Language Policy: Planning for Chinese Immigrant Families' Transition to Literacy. *International Journal of Bilingual Education and Bilingualism, 14*(5), 573-589.

Fishman, J. A. (Ed.). (1980). *The sociology of language: An interdisciplinary social science approach to language in society*. Newbury House Publishers.

Fishman, J. A. (1991). *Reversing language shift: Theory and practice of assistance to threatened languages*. Multilingual Matters.

García, O. (2009). Política Lingüística: Situando la Educación Bilingüe. En J. M. Artigal, M. Cenoz & D. Gorter (Eds.), *Multilingüismo y educación. Desafíos y oportunidades* (pp. 39-55). Ediciones Pirámide.

García, O., & Wei, L. (2014). *Translanguaging and education*. Multilingual Matters.

Gorter, D. (2018). Family language policy research: An overview. En J. Cenoz, D. Gorter, & A. Leung (Eds.), *The Routledge Handbook of Minority Languages and Multilingualism* (pp. 322-335). Routledge.

Heller, M. (2011). *Paths to Post-Nationalism: A Critical Ethnography of Language and Identity*. Oxford University Press

Holmes, J., & Marra, M. (2018). *The Handbook of Language and Politics*. Routledge

Hua, Z., & Wei, L. (2016). Transnational experience, aspiration and family language policy. *Journal of Multilingual and Multicultural Development, 37*(7), 655-666. https://doi.org/10.1080/01434632.2015.1127928

Irvine, J. T., & Gal, S. (2000). Language ideology and linguistic differentiation. En P. V. Kroskrity (Ed.), *Regimes of Language: Ideologies, Polities, and Identities* (pp. 35-83). School of American Research Press.

Kim, H. J., & Okazaki, S. (2014). Navigating the cultural transition alone: Psychosocial adjustment of Korean early study abroad students. *Cultural Diversity and Ethnic Minority Psychology, 20*(2), 244–253. https://doi.org/10.1037/a0034243

King, K., Fogle, L., & Logan-Terry, A. (2008). Family Language Policy. *Linguistic and Language Compass, 2*(5), 907-922. https://doi.org/10.1111/j.1749-818X.2008.00076.x

King, K., & Lanza, E. (2017). Ideology, agency and imagination in multilingual families: An introduction. *International Journal of Bilingualism, 23*(7), 717–723. https://doi.org/10.1177%2F1367006916684907

Lanza, E. (2004). *Bilingualism in the Family: A Handbook for Parents*. Blackwell Publishing.

Lanza, E., & Svendsen, B. A. (2007). Tell Me Who Your Friends Are and I Might Be Able to Tell You What Language(s) You Speak: Social Network Analysis, Multilingualism, and Identity. *International Journal of Bilingualism, 11*(3), 275-300.

Niedzielski, N., & Preston, D. R. (Eds.) (2018). *Folk Linguistics*. Mouton de Gruyter.

Nieto Moreno de Diezmas, E., & Alarcón, A. (2022) Intensive parenting and elective bilingualism English/Spanish in Spanish monolingual families: From language ideologies to practice. *Porta Linguarum Revista Interuniversitaria de Didáctica de las Lenguas Extranjeras, Monográfico V*, 133-149, https://doi.org/10.30827/portalin.vi.26273

Nieto Moreno de Diezmas, E., Custodio, M. (2022). *Multilingual Education under Scrutiny. A Critical Analysis on CLIL Implementation and Research on a Global Scale*. Peter Lang Verlag

Peña, E. D. (2015). *Assessment and Intervention for English Language Learners: Translating Research into Practice*. Springer.

Ricento, T. (2018). *Language policy: Theory and practice: An introduction*. Routledge.

Sauer, L., & Ellis, R. (2019). The social lives of adolescent study abroad learners and their L2 development. *The Modern Language Journal, 103*(4), 739–762. https://doi.org/10.1111/modl.12589

Tragant, E., Serrano, R., & Llanes, À. (2017). Learning English during the summer: A comparison of two domestic programs for pre-adolescents. *Language Teaching Research, 21*(5), 546-567

Vertovcc, S. (2007). Super-diversity and its implications. *Ethnic and Racial Studies, 30*(6), 1024-1054.

Capítulo 4. El bilingüismo no nativo como política lingüística familiar

En este capítulo se examina la práctica del bilingüismo no nativo como política lingüística familiar y epítome de la intensificación de la implicación parental en la enseñanza de lenguas extranjeras. El bilingüismo no nativo es un tipo de crianza bilingüe que está cobrando fuerza en España y en otros países europeos, por lo que merece un mayor análisis y estudio para poder comprender este fenómeno, apenas explorado. Este enfoque se implementa como medio para proporcionar a los hijos un aprendizaje de lenguas extranjeras más natural y efectivo, con el propósito de conseguir procesos de adquisición más que de aprendizaje y alcanzar una competencia semejante a la de hablantes nativos. Así, esta práctica pretende imitar los entornos de adquisición lingüística en familias en las que los padres transmiten a sus hijos sus lenguas de herencia cuando son diferentes de la lengua social. Sin embargo, en el bilingüismo no nativo, los progenitores educan a sus hijos en una lengua que no es su lengua nativa. En el capítulo, se explora un marco teórico para esta práctica y se revisa la literatura acerca de este fenómeno vinculado a la globalización, al pensamiento liberal, al emprendimiento y la agencia lingüística. En el epígrafe final, se enumeran algunas de las prácticas más eficaces para la consecución satisfactoria de la crianza bilingüe no nativa.

4.1. Bilingüismo nativo y no nativo: marco contextual y conceptual.

El área de investigación de la política lingüística familiar se centró inicialmente en las familias bi-multilingües nativas en las que uno o los dos progenitores tienen como lengua materna una lengua minoritaria de herencia o inmigración distinta de la lengua que se habla mayoritariamente en la sociedad. En este caso, los objetivos de las políticas lingüísticas familiares tienden a preservar la lengua y cultura de origen, como parte de su patrimonio personal y de herencia y a facilitar la comunicación y el entendimiento entre miembros de la familia, incluidos familiares lejanos, que no dominan la lengua mayoritaria. Las principales preocupaciones de las familias y de los propios estudios e investigaciones giran en torno al mantenimiento o la pérdida del idioma en familias multilingües.

Sin embargo, existe otro contexto sociolingüístico de crianza bilingüe, que se encuentra actualmente en auge y que consiste en crear espacios de inmersión en el hogar y fuera de él en una lengua que no es nativa para ninguno de los progenitores, sino que es una lengua de prestigio internacional. En este caso, los objetivos de este tipo de bilingüismo se conectan con el fomento de la adquisición de más de un idioma debido a los posibles beneficios tanto para la comunicación y el desarrollo cognitivo de los niños como para su futura inserción laboral y social. Las familias pretenden así preparar a sus hijos para un mundo cada vez más globalizado y multicultural, donde la competencia lingüística y cultural puede ser un recurso valioso para el éxito personal y profesional.

El bilingüismo no nativo es una curiosa práctica de socialización familiar, puesto que se establece un idioma extranjero (muy frecuentemente, el inglés) como lengua de comunicación en el hogar y, a veces, fuera de él, a pesar de que no es la lengua materna de ninguno de los miembros de la familia (Alarcón Utrera & Nieto Moreno de Diezmas, 2023). Este tipo de crianza bilingüe no es tan reciente como pudiera pensarse y ya era conocida hace más de 40 años y etiquetada como "bilingüismo artificial" (Kielhöfer & Jonekeit, 1983), "bilingüismo electivo" (Valdés & Figueroa, 1994) o "bilingüismo intencional" (Hurajová, 2020). En la primera de las denominaciones "bilingüismo artificial", se percibe un cierto carácter peyorativo, al establecerse una oposición o contraste con el bilingüismo nativo, al que se consideraría "natural" frente a la artificialidad que los autores entienden que implica la crianza en una lengua que no es la materna de los propios progenitores. Por su parte, los términos de "bilingüismo electivo" y "bilingüismo intencional" enfatizan la elección e intención de los padres de educar a sus hijos en una lengua extranjera de prestigio, como esfuerzo consciente y deliberado de implementar un método más eficiente y natural para mejorar el aprendizaje de sus pequeños y mejorar así su futuro estatus socioeconómico. A pesar de que el uso de cualquiera de los dos últimos términos parece adecuado, a lo largo del capítulo se empleará la denominación "bilingüismo no nativo", por su carácter más neutro y más explicativo y transparente acerca de la situación lingüística que se quiere introducir en la crianza.

4.2. Revisión de la literatura sobre el bilingüismo no nativo.

Una de las primeras publicaciones sobre la crianza mediante el bilingüismo no nativo procede de la experiencia de Saunders (1982, 1988) con sus tres hijos. En 1982 publica un libro en el que muestra las experiencias con sus dos primeros hijos, y en 1988 tras el nacimiento del tercero, presenta las evidencias recogidas durante el periodo, documentando así trece años de prácticas bilingües familiares. Saunders vive en Australia, donde el inglés es la lengua social mayoritaria y decide emplear con sus hijos, desde que nacen, el alemán, una lengua extranjera que él aprendió como segunda lengua. Saunders incluye en su auto-etnografía revisiones de estudios sobre el bilingüismo en la infancia, lo que indica que ha realizado una documentación previa y en paralelo con sus prácticas, anclándolas en la literatura de investigación. Además, describe con detalle, no solo las prácticas, sino que presenta también las interacciones, sobre todo díadicas (con uno de sus hijos) y triádicas (intervienen dos de ellos), a través de las que registra y ejemplifica los rasgos principales de la evolución del habla infantil y la elección de la lengua de comunicación (inglés/alemán). El método empleado por Saunders fue OPOL (*one parent, one language*), de manera que él se dirigía a sus hijos en alemán, mientras que su esposa lo hacía en inglés, la lengua mayoritaria. La separación de lenguas no se realizó en las interacciones entre los padres, que se llevaban a cabo en inglés. Como aliados en la crianza bilingüe en alemán, el autor contó con cuentos, libros, programas de televisión y amistades con otros niños que hablaban alemán. Sin embargo, también tuvo que afrontar dificultades que provenían de la presión social de amigos y familiares y del hecho de que él mismo no era un hablante nativo del alemán. Sin embargo, según el autor, sus hijos adquirieron un bilingüismo activo, con altos niveles de comprensión y también de expresión. Curiosamente, aunque los tres se habían criado en la misma familia y de una manera semejante, no todos adquirieron la lengua alemana al mismo nivel.

En los países del este de Europa, el bilingüismo no nativo también existía años atrás, esta vez como estrategia empleada por los padres para garantizar el aprendizaje del ruso, idioma de prestigio. Sin embargo, como explica Szramek-Karcz (2016), tras el fin del periodo comunista en Polonia, el cambio de contexto sociopolítico ha producido que los esfuerzos parentales para criar a sus hijos bilingües hayan sustituido el ruso por el inglés, idioma que piensan reportará beneficios para ascender en la escala socio-económica. En Eslovaquia, Hurajová y Kráľovičová (2016) documentan la evolución de Henrich, hijo de la primera. Desde que nació, su madre le habló en inglés (OPOL) y a la edad de siete años aprendió a leer y escribir en inglés rápidamente. Los intercambios comunicativos entre ellos se realizaban en inglés y el niño iba adquiriendo la lengua (pronunciación, gramática y vocabulario) sin mayor problema. Sin embargo, desde que comenzó la escuela primaria, su mundo académico y social quedó impregnado por la lengua mayoritaria, el eslovaco, y fue perdiendo de manera progresiva tanto vocabulario, como los altos niveles adquiridos en recepción y producción lingüística. En cuando a su hermana menor, Veronika (Hurajová, 2020), nunca adquirió las competencias lingüísticas de su hermano, a pesar de los intensos esfuerzos de la madre, que se dirigió a ella en inglés desde su nacimiento y suplementaba la exposición con cuentos y programas de televisión en inglés.

Su hermano siempre le hablaba en eslovaco y nunca en inglés, de manera que la investigadora achaca que el bilingüismo nativo no fuera logrado en este caso a dos circunstancias. Por un lado, su hija se halló más expuesta a la lengua mayoritaria dentro del hogar, debido al *input* recibido de su hermano. Por otro, observa que la niña tenía menos habilidades e interés por el aprendizaje de lenguas que su hermano. Estas investigaciones ponen sobre la mesa dos temas que aparecen de manera recurrente en investigaciones posteriores: las disrupciones de la práctica debido a la presión del entorno social, sobre todo a partir del comienzo de la escuela primaria, y la desigual adquisición de la lengua meta entre hermanos.

En el ámbito español, la popularidad de la práctica del bilingüismo no nativo está comenzando a recibir la atención de los investigadores. Chacón-Beltrán (2018) estudia el desarrollo del inglés en dos niños españoles que no solo reciben *input* en inglés no nativo por parte de sus padres, sino que la experiencia se lleva a cabo durante una estancia de ocho meses en Reino Unido. Ambos hermanos adquieren unas competencias similares a las nativas en inglés, aunque se registra también en ellos una pérdida de su lengua materna, que es menos acusada en el hermano mayor, debido, según el autor, a que había adquirido previamente la lectoescritura en español y por tanto, había afianzado más intensamente su lengua materna. No obstante, al volver a la cultura de origen, el proceso de pérdida de la L1 revirtió rápidamente.

Otro caso de interés, también en España, es la auto-etnografía de García-Armayor (2019). El autor describe cómo puso en práctica la estrategia de bilingüismo no nativo en inglés por medio de la estrategia OPOL con su hija. A pesar de que, por motivos laborales, su estancia en el hogar no era continuada y la práctica sufría disrupciones intermitentes, el autor considera que la implementación fue un éxito, especialmente en la adquisición de las habilidades receptivas de su hija. El autor observa que la amplia disponibilidad de recursos en inglés (canciones, cuentos, vídeos, etc.) fue un apoyo fundamental en el proceso, así como su perseverancia en el uso del inglés tanto dentro como fuera del hogar, práctica que mantuvo, haciendo caso omiso de lo que otras personas pudieran pensar o decir al verle usar en las interacciones con su hija un idioma del que no era hablante nativo.

Por su parte, el trabajo de Nogueroles et al.(2021) da cuenta de la inmensa popularidad que está adquiriendo este enfoque ya que elaboraron un cuestionario en línea que se difundió entre sus contactos mediante el correo electrónico y las redes sociales y a los quince días ya habían recibido 470 respuestas de las que seleccionaron las 143 que cumplían los requisitos necesarios para la investigación. Los resultados de este estudio cuantitativo muestran que, al contrario de sus hipótesis iniciales, no había conexión entre el nivel socioeconómico de las familias y la mayor intensidad del empleo del inglés en el hogar. Las motivaciones que llevaron a las familias a implementar esta práctica fueron de tipo lingüístico, educativo, cognitivo profesional, social y cultural por encima de razonamientos de tipo identitario, económico o emocional.

El trabajo de Nieto Moreno de Diezmas y Alarcón Utrera (2022) estudia el fenómeno del bilingüismo no nativo desde una perspectiva crítica, como producto de la globalización y el pensamiento neoliberal y explora esta práctica como manifestación de una paternidad intensiva. Se analizan datos cualitativos de 16 familias españolas que, con el objetivo de que sus hijos fueran bilingües, los educaron en inglés, creando ambientes de inmersión dentro y fuera del hogar. El estudio desvela las motivaciones para implementar el bilingualismo no nativo, revela la existencia de una diversidad de prácticas y corrobora la aparición de disrupciones en el proceso, que llevan a un aumento de la necesidad de negociación y esfuerzo a la edad de seis años, en concomitancia con el acceso a la escuela primaria. Otro punto de inflexión se lleva a cabo en la adolescencia, momento en el que se reduce nuevamente el tiempo y las actividades que se realizan en familia, a la par que los hijos toman el control sobre sus decisiones lingüísticas, muy frecuentemente influidos por el entorno social, lo que en la mayoría de los casos, lleva al abandono de la práctica de interacción familiar en inglés.

4.3. Marcos para el análisis del bilingüismo no nativo

4.3.1. El inglés como lengua de prestigio internacional

En los últimos años, la gran mayoría de las prácticas documentadas de bilingüismo no nativo se realizan introduciendo el inglés como lengua de comunicación familiar. Esta elección no es casual, y se relaciona con su caracterización como lengua internacional de prestigio y lengua franca por excelencia, y con los valores que se adscriben a esta lengua. Entre ellos, destacan la percepción de que complementar a los hijos con su adquisición les permitirá en el futuro acceder a trabajos mejor remunerados, ascender en la escala social, posibilitar la movilidad y obtener una visión cultural del mundo más cosmopolita (Nieto Moreno de Diezmas & Alarcón Utrera, 2022).

4.3.2. Globalización y neoliberalismo: la mercantilización de las lenguas

Esta visión del mundo se encuentra en conexión con el fenómeno de la globalización y las políticas del neoliberalismo que precisan de "trabajadores flexibles" (Flores, 2013, p. 501) abiertos a la movilidad y capaces de sobresalir y proporcionar los mejores resultados productivos. Por ello, existe una exigencia de competir y de incrementar el propio valor como individuos. En este sentido, según explican Piller y Cho (2013, p. 23) la competencia individual se encuentra estructurada en sistemas de evaluación y valoración "muchos de los cuales privilegian explícitamente el inglés como un terreno donde se establece el valor individual y social" (p. 23). De esta manera, el dominio de lenguas, y especialmente del inglés, pasa a formar parte del capital de los individuos (Codò & Riera-Gil, 2022), y, por ello, han de buscar la mejor manera de poder adquirirlas. Como resultado, se ha construido un mercado en torno al aprendizaje de las lenguas que ha dado lugar a su mercantilización (Heller, 2010), al ser consideradas "como bienes de consumo que han de ser ofrecidos en libre mercado, vendidos y comprados, así como rentables en términos económicos" (Pardo Pérez & García Tobío, 2003, p.39).

4.3.3. La paternidad intensiva y el bilingüismo no nativo

Las familias son conscientes también de esta situación y, como señala Krashen (2006), están experimentando la llamada "fiebre del inglés", definida como un "deseo abrumador de (1) adquirir el inglés, y (2) asegurar que los propios hijos adquieran el inglés, como segunda lengua o lengua extranjera" (Krashen, 2006, p. 1). En este sentido, el bilingüismo no nativo se conecta con otro marco: el de la paternidad intensiva (Nieto Moreno de Diezmas & Alarcón Utrera, 2022), ya que supone un modelo de crianza en el que los padres se involucran de manera muy activa y comprometida en la vida de sus hijos.

La paternidad intensiva tiene como principales objetivos el ofrecer a los hijos experiencias y oportunidades que les aporten mayores cotas de desarrollo emocional, personal, cultural y social y se conectan con el modelo neoliberal de búsqueda de la excelencia. Esta postura de suplementación educativa, cuando se trata del aprendizaje de idiomas, parece ser efectiva, según un número creciente de estudios, que vienen a confirmar la relación entre la implicación de los padres y la adquisición de lenguas segundas y extranjeras por parte de sus hijos (Al-Mahrooqi et al., 2016; Niehaus & Adelson, 2014; Panferov, 2010).

No son pocas las investigaciones que determinan que el mayor compromiso parental en la formación de los hijos se detecta en familias con mayor nivel socioeconómico (Calzada et al., 2015; Tekin, 2011). En el caso de la introducción del bilingüismo no nativo, los estudios parecen sugerir que se trata de una práctica sociolingüística que despierta creciente interés entre familias de un rango socioeconómico y cultural que podríamos catalogar como de clase media o clase media-alta (Alarcón Utrera & Nieto Moreno de Diezmas, 2023; Nieto Moreno de Diezmas & Alarcón Utrera, 2022), aunque según Nogueroles et al. (2021), no existe una relación directa entre el nivel socioeconómico y el mayor porcentaje de exposición al inglés mediante el enfoque del bilingüismo no nativo.

El bilingüismo nativo requiere una serie de inversiones personales en lo que respecta a tiempo, energía y desgaste emocional (Nieto Moreno de Diezmas & Alarcón Utrera, 2022), que, sin embargo, los padres que desarrollan esta práctica están dispuestos a realizar por el bien de sus hijos y poder así brindarles "la mejor educación, de modo que puedan pertenecer a la élite bilingüe que les permitiría ser académica, personalmente, y profesionalmente recompensados en la edad adulta" (Nieto Moreno de Diezmas & Alarcón Utrera, 2022, p. 146). Las familias contemplan el bilingüismo como un ideal que les dará acceso a "una nueva realidad lingüística, escolar, social y psicológica" (Nyikos, 2014, p. 23), por lo que, como "buenos padres" todo esfuerzo es poco cuando se trata proporcionar a los hijos la mejor educación posible, sobre todo, cuando lo que se les ofrece es un patrimonio lingüístico con el que ellos mismos cuentan (aunque no sea como lengua materna) (Alarcón Utrera & Nieto Moreno de Diezmas, 2021). De esta manera, los padres implementan esta práctica con la intención de que sus hijos adquieran la lengua de manera más natural y efectiva, y también, sin esfuerzo, evitándoles las dificultades que la mayoría de ellos atravesaron en su infancia y juventud en el aprendizaje del inglés (Nieto Moreno de Diezmas & Alarcón Utrera, 2022).

4.3.4. Emprendimiento lingüístico y agencia en el aprendizaje de lenguas

Algunos progenitores con cierto dominio del inglés sienten, pues, la necesidad de tomar las riendas del aprendizaje de sus hijos e implementar prácticas de socialización en este idioma. Esta práctica se asocia por De Costa et al. (2016) con el emprendimiento lingüístico y es considerada como una obligación, como el "acto de alinearse con el imperativo moral de explotar estratégicamente los recursos relacionados con el lenguaje" (De Costa et al., 2016, p. 695). Además, también es un acto de "agencia" (Dam & Legenhausen, 2010), entendida como la capacidad del aprendiz para tomar el control de su propio proceso de aprendizaje y para actuar de manera autónoma y consciente en su adquisición del idioma. Este sería un caso específico de agencia que podríamos denominar "agencia suplida" ya que los padres toman decisiones por sus hijos respecto de la implementación de un enfoque intensificado de aprendizaje de lenguas. Estas decisiones se adoptan generalmente antes de nacer los hijos y suelen estructurarse según el marco de agencia establecido por Dam y Legenhausen (2010), incluyendo (i) toma de decisiones informadas (buscando información en webs, libros, experiencias cercanas, etc.), (ii) establecimiento de objetivos y metas y (iii) adopción de las medidas para conseguirlos.

4.4. Técnicas y recursos en el bilingüismo no nativo

Uno de los problemas que tienen que enfrentar las familias que ponen en práctica el bilingüismo no nativo es la gestión del uso de las distintas lenguas presentes en el hogar y fuera de él.

Frente a una conciencia monolingüe de separación de lenguas, se aconseja respetar un uso fluido de diferentes lenguas en el hogar, que corresponde a una visión plurilingüe y natural de la confluencia de las lenguas. Por lo tanto, el uso de técnicas como el translingüismo (*translanguaging*), o cambio de una lengua a otra que realiza el propio interlocutor o entre interlocutores, pueden considerarse como aliadas para establecer puentes y mediación entre lenguas, que puede contribuir a una mejor comprensión y fijación lingüística.

Por otro lado, el bienestar infantil – y también familiar- ha de ser una prioridad, así como el desarrollo afectivo para evitar consecuencias negativas como el distanciamiento emocional y la experimentación de sentimientos de exclusión (De Houwer, 2006), y esta armonía puede ponerse en peligro cuando se pretende prohibir o controlar el uso de una lengua determinada por parte del niño. Así, en el caso del uso de inglés como lengua de inmersión en un contexto de uso mayoritario del castellano, no debería simularse que no se entiende al niño cuando no se expresa en la lengua meta, porque puede sentirse frustrado al no priorizarse su intención comunicativa, desarrollar sentimientos negativos hacia la L2 y afectar incluso a su autoestima.

Crear ambientes positivos hacia el uso y aprendizaje de la L2 ha de ser un objetivo primordial. Para ello, es recomendable asociar el uso de la lengua meta con momentos agradables y divertidos para establecer vínculos emocionales positivos que fomenten el aprendizaje y el deseo del niño de seguir viviendo experiencias en dicha lengua.

En cuanto a los recursos para el desarrollo del bilingüismo no nativo, García Armayor (2019) pone de manifiesto que, cuando la lengua meta es el inglés, existen cantidades ingentes de recursos que pueden suplementar la interacción paternofilial. Algunos de los recursos que le resultaron eficaces al autor y aconseja emplear fueron los siguientes:

✓ canciones infantiles y canciones sencillas, educativas y divertidas, sobre todo asociadas con momentos agradables, como la hora de la merienda o del baño.

✓ dibujos animados en inglés simples, formativos y adecuados a la edad que incluyan canciones y juegos.
✓ juegos que puedan tener asociaciones visuales, para fomentar la asociación semántica y la fijación en la memoria, así como la conexión del uso del idioma con momentos divertidos.
✓ lectura frecuente y abundante de cuentos con elementos visuales.

Además, las nuevas tecnologías amplían las posibilidades de obtener recursos multimodales y audiovisuales, y ofrecen nuevos medios de comunicación con personas nativas o hablantes de la segunda lengua como lengua extranjera a través de numerosas aplicaciones.

4.5. El bilingüismo como meta en la política lingüística familiar: principales estrategias

Las estrategias empleadas por las familias para implementar la crianza bilingüe pueden clasificarse en dos grandes grupos según tengan lugar en el seno del hogar o fuera de él. Entre las técnicas desarrolladas dentro del hogar, caben citarse las siguientes:

- OPOL: es el acrónimo de *"One Parent One Language"* (Un Padre, Un Idioma), que es una estrategia de crianza bilingüe en la que cada progenitor habla una lengua. En el caso del bilingüismo no nativo, un progenitor se comunica con el niño en su propia lengua materna y el otro, en la lengua meta. Esta estrategia se basa en la idea de que los niños pueden desarrollar habilidades en dos idiomas simultáneamente sin que esto cause confusión o retraso en su desarrollo lingüístico. La implementación de OPOL requiere la cooperación y el compromiso de ambos padres y es una estrategia que requiere un gran esfuerzo para el progenitor que está transmitiendo la segunda lengua no nativa.
- MLAH: son las siglas de *"minority language at home"* (lengua minoritaria en casa). En este caso, se pone el énfasis, no en las personas, sino en los espacios. El ambiente de inmersión en la lengua meta queda confinado al espacio de hogar, de manera que en el exterior se adopta la lengua mayoritaria. De esta manera, la familia no siente la extrañeza ni la posible crítica social al hablar en público en una lengua que no es la materna.
- *Time & place*: (tiempo y lugar) es una estrategia de enseñanza de lenguas que se centra en la importancia de proporcionar oportunidades para practicar y utilizar el idioma en ciertos contextos significativos y auténticos de la vida diaria del niño. Estos momentos pueden ser: la hora de acostarse, con la lectura y

comentario de un cuento o historia, introducir la lengua meta en actividades lúdicas, en los trayectos del colegio a casa, en la compra en el supermercado, a la hora de vestirse y desvestirse, etc.
- *Bilingual siblings* (hermanos bilingües). El hecho de que los hermanos o hermanas mayores puedan dirigirse a los más pequeños en inglés supone una ventaja, ya que se incrementa la exposición al inglés y se construye en el hogar un entorno más inmersivo. Los hermanos pueden tener un impacto importante en la crianza bilingüe, tanto positivo, cuando usan la lengua meta, como negativo, si deciden usar la lengua materna (Hurajová, 2020), ya que los hermanos terminan siendo responsables de una parte importante del *input* que los más pequeños reciben, por lo que pueden contribuir a reforzar el entorno de inmersión o a diluirlo.
- Presencia de personas nativas en casa. Algunas de las estrategias de las familias incluyen la presencia de una persona nativa de forma estable en el hogar que garantice la adquisición de la lengua meta. Pearson (2008) documenta varios ejemplos en EE.UU. En uno de ellos, los padres eran hablantes de la lengua inglesa, pero querían educar a sus hijos bilingües inglés/español y para ello, decidieron alojar en su casa a personas nativas de español como "au pairs". Por su parte, también en EE.UU, King y Logan-Terry (2008) investigaron prácticas en las que una niñera hablante de español fue contratada a tiempo completo para proporcionar inmersión en español en el hogar y conseguir una crianza bilingüe inglés/español. En España, se han detectado también prácticas en este sentido que incluyen la acogida de estudiantes nativos de la lengua inglesa y *au pairs*. Otras prácticas menos intensivas comprenderían "clases particulares" en el hogar para los más pequeños por parte de hablantes nativos, enfocadas a la lectura de cuentos, juegos, canciones, etc.

Para reforzar la crianza bilingüe y la adquisición de lenguas, las familias recurren también a la implementación de estrategias fuera del hogar para proporcionar una exposición extramural. Entre ellas, se destacan las siguientes:

- Grupos de juego. Esta estrategia consiste en que las familias facilitan reuniones con otros niños de su edad que son nativos de la lengua meta o que también están recibiendo *input* parental nativo o no nativo en el hogar, con el fin de que continúen usando la lengua fuera del hogar, la empleen con propósitos comunicativos reales y lúdicos y se conecte la práctica individual en el hogar con una comunidad social que sirva de apoyo y ampliación del horizonte de esta práctica de socialización lingüística.
- Otras prácticas de apoyo al bilingüismo no nativo fueron ya estudiadas en el capítulo anterior (cf., 3.4), e incluyen clases particulares (con nativos o

profesorado cualificado), clases de conversación con nativos, guarderías y colegios bilingües, campamentos de verano locales, y estancias en el extranjero, en compañía de la familia, durante el periodo estival o durante un curso académico.

Referencias

Al-Mahrooqi, R., Denman, C., & Al-Maamari, F. (2016). Omani parents' involvement in their children's English education. *SAGE Open, 6*(1), 1-12.

Alarcón, A., & Nieto Moreno de Diezmas, E. (2023). Speaking in nobody's mother tongue: English immersion at home as a Family Language Policy. *Ampersand*, 11, 100135, https://doi.org/10.1016/j.amper.2023.100135

Alarcón, A., & Nieto Moreno de Diezmas, E. (2021) Families on the move for English learning: a case study in Central Spain. V Simposio Internacional EDiSo.

Calzada, E. J., Huang, K. Y., Hernandez, M., Soriano, E., Acra, C. F., Dawson-McClure, S., & Brotman, L. (2015). Family and teacher characteristics as predictors of parent involvement in education during early childhood among Afro-Caribbean and Latino immigrant families. *Urban Education, 50*(7), 870-896.

Chacón-Beltrán, R. (2018). The effects of intensive naturalistic exposure for children in pre- and post-literacy development. *Journal of Immersion and Content-Based Language Education, 6*(2), 216-239.

Codó, E., & Riera-Gil, E. (2022). The value(s) of English as global linguistic capital: A dialogue between linguistic justice and sociolinguistic approaches. In J. Soler & S. Morales-Gálvez (Eds.), Linguistic justice and global English: Theoretical and empirical approached (special issue). *International Journal of the Sociology of Language, 277*, 95-119.

Dam, L., & Legenhausen, L. (2010). Agency in language learning: Theoretical constructs and practical solutions. *Journal of Multilingual and Multicultural Development, 31*(5), 477-492. doi: 10.1080/01434632.2010.488454

Darvin, R., & Norton, B. (2017). Language, Identity, and Investment in the Twenty-first Century. En *Language Policy and Political Issues in Education, Encyclopedia of Language and Education*. Springer International Publishing. https://doi.org/10.1007/978-3-319

De Costa, P., Park, J., & Wee, L. (2016). Language Learning as Linguistic Entrepreneurship: Implications for Language Education. *The Asia-Pacific Education Researcher, 25*, 695-702. https://doi.org/10.1007/s40299-016-0302-5

De Costa, P., Park, S.Y., & Wee, L. (2021) Why linguistic entrepreneurship? *Multilingua, 40*(2), 139-153.

Flores, N. (2013). The unexamined relationship between neoliberalism and plurilingualism: A cautionary tale. *TESOL Quarterly, 47*(3), 500–520.

García Armayor, O. (2019). The possibilities of elective bilingualism in BFLA: raising bilingual children in monolingual contexts. *Estudios de Lingüística Aplicada*, Mon I, 235-296. https://doi.org/10.12795/elia.mon.2019.i1.11

Heller, M. (2010). The Commodification of Language. *Annual Review of Anthropology*, 39(1), 101-114. https://doi.org/10.1146/annurev.anthro.012 809.104951

De Houwer, A. (2006), Le développement harmonieux ou non harmonieux du bilinguisme de l'enfant au sein de la famille. *Language et Société, 116*(2), 29-49. https://doi.org/10.3917/ls.116.0029

Hurajová, A., & Kráľovičová, D. (2016). A case study on infant intentional bilingual acquisition. *Studia paedagogica, 21*(2), 139-155.

Hurajová, A. (2020). The Phenomenon of Bilingualism in Slovakia: Raising a Bilingual Child in a Monolingual Culture- A Family Case Study on Intentional Bilingualism as a Communication Strategy. En *Research Anthology on Bilingual and Multilingual Education* (pp. 1049-1068). IGI Global. https://doi.org/10.4018/978-1-6684-3690-5.ch052

Kielhöfer, B., & Jonekeit, S. (1983). *Zweisprachige Kindererziehung/Bilingual Upbringing of Children*. Stauffenburg-Verlag.

King, K. A. & Logan-Terry, A. (2008). Additive bilingualism through family language policy: Strategies, identities and interactional outcomes. *Calidoscopio*, 6(1), 5-19.

Krashen, S. (2006). *English Fever*. Crane Publishing Co.

Niehaus, K., & Adelson, J. L. (2014). School support, parental involvement, and academic and social-emotional outcomes for English language learners. *American Educational Research Journal, 51*(4), 810-844.

Nieto Moreno de Diezmas, E., & Alarcón, A. (2022) Intensive parenting and elective bilingualism English/Spanish in Spanish monolingual families: From language ideologies to practice. *Porta Linguarum Revista Interuniversitaria de Didáctica de las Lenguas Extranjeras, Monográfico V*, 133-149, https://doi.org/10.30827/portalin.vi.26273

Nogueroles López, M., Pérez Serrano, M., & Duñabeitia, J. A. (2021). Hablar con tu(s) hijo/a(s) en lengua extranjera: motivaciones de las familias. *ELIA: Estudios De Lingüística Inglesa Aplicada*, (2 Monogr.), 139–175. https://revistas.uned.es/index.php/ELIA/article/view/32838

Nyikos, M. (2014). Bilingualism and Family: Parental Beliefs; child agency. *Sustainable Multilingualism*, 5, 18-40. http://dx.doi.org/10.7220/2335-2027.5.1

Panferov, S. (2010). Increasing ELL parental involvement in our schools: Learning from the parents. *Theory into Practice, 49*(2), 106-112.

Pardo Pérez, J., & García Tobío, A. (2003). Los estragos del neoliberalismo y la Educación Pública. *Educatio Siglo XXI,* 20, 39-85. https://revistas.um.es/educatio/article/view/134/118

Pearson, B. Z. (2008). *Raising a bilingual child. A step-by-step guide for parents.* New York: Living Language.

Piller, I., & Cho, J. (2013). Neoliberalism as language policy. *Language in Society,* 42, 23-44. Cambridge University Press. https://doi.org/10.1017/S0047404512000887

Saunders, G. (1982). *Bilingual Children: Guidance for the Family.* Multilingual Matters.

Saunders, G. (1988). *Bilingual Children: From Birth to Teens.* Multilingual Matters.

Sims, M. (2017). Neoliberalism and early childhood. *Cogent Education,* 4, 1-10. Taylor & Francis.

Szramek-Karcz, S. (2016). The Success of Non-Native Bilingualism in Poland. *Lingwistyka Stosowana, 17*(2), 93-102. https://doi.org/10.32612/uw.20804814.2016.2.

Tekin, A. K. (2011). Parents' motivational beliefs about their involvement in young children's education. *Early Child Development and Care, 181*(10), 1315-1329.

Valdés, G., & Figueroa, R. (1994). *Second language learning. Bilingualism and testing: A specias case of bias.* Ablex Publishing.

Sección III. La enseñanza bilingüe en el sistema educativo

Capítulo 5. Los programas bilingües en infantil, primaria y secundaria en el contexto español

Una vez que se han estudiado, en las secciones anteriores, las políticas lingüísticas europeas y su recepción por parte de las políticas lingüísticas familiares, se explora, en los siguientes capítulos, la educación bilingüe en los niveles no universitarios. En este capítulo, se abordará el inicio y expansión de la educación bilingüe, especialmente en España, no sin antes dar cuenta del antecedente que supusieron los programas de inmersión canadienses y poner de relieve la constribución de la Unión Europea a la enseñanza bilingüe por medio de la acuñación del término AICLE. Seguidamente, se explorará el diseño de los programas bilingües en España, así como sus principales desafíos, entre los que se analizarán la variabilidad de los programas, la cuestión de la generalización, el impacto de la dotación económica y el reto que supone la acreditación lingüística y metodológica del profesorado, elemento clave para garantizar la calidad de la educación bilingüe.

5.1. El origen de la enseñanza bilingüe en España

La implementación de los programas de enseñanza bilingüe España no puede entenderse sin recurrir a las directivas europeas de apoyo a la enseñanza de lenguas y a la promoción de la educación bilingüe como estrategia de éxito. En Europa existían ya experiencias de enseñanza bilingüe, especialmente en áreas fronterizas, para fomentar el aprendizaje de las lenguas en contacto. Tal es el caso de zonas del norte de Francia en frontera con Alemania, por ejemplo, donde las enseñanzas bilingües francoalemanas facilitaban el intercambio cultural, económico y académico, así como la movilidad laboral. También existían algunas experiencias de uso de lenguas minoritarias de carácter regional como vehículo de asignaturas escolares. Sin embargo, el verdadero desencadenante del auge de la educación bilingüe en Europa se vincula a las experiencias de inmersión lingüística en el contexto canadiense.

5.1.1. Los programas de inmersión canadiense como antecedente

La educación bilingüe, más allá de estos contextos específicos transfronterizos mencionados en el apartado anterior, adquiere, efectivamente, su mayor popularidad a partir de los años 80, debido a los exitosos resultados de investigación tanto para la adquisición de la lengua meta, como para la asimilación de contenidos que se desprendieron de los estudios realizados sobre la implementación de los programas de inmersión en Canadá.

Estos programas nacieron en Quebec, de la mano de iniciativas parentales. Las familias constataban año tras año que la enseñanza escolar de la asignatura de francés como segunda lengua era insuficiente para que la comunidad angloparlante adquiriera unas competencias que les permitieran desenvolverse en francés en un contexto en el que esta lengua es imprescindible para el desarrollo socioeconómico y cultural. La solución: un programa experimental de inmersión temprana, con el francés como lengua de comunicación en todas las actividades y asignaturas desde la educación infantil. El éxito de esta propuesta en el colegio St Lambert hizo que la innovación se difundiera rápidamente en otros colegios y se estableciera el programa a nivel nacional.

Los resultados de las investigaciones contribuyeron a la rápida expansión del modelo, no solo en Canadá, sino también más allá de sus fronteras, como se verá en el siguiente epígrafe. Los estudios realizados por Genesee (1991) concluían que los estudiantes de inmersión "se desempeñan tan bien como los estudiantes nativos de habla francesa en las pruebas de comprensión lectora y auditiva en francés" (1991, p. 186), es decir, que los estudiantes ingleses en los programas de inmersión en francés adquirían un nivel "nativo" en francés, al menos en las destrezas receptivas, mientras que en las destrezas productivas (hablar y escribir), aunque los niveles eran también muy altos, se detectaban algunos errores que situaban su adquisición por debajo de las destrezas de escuchar y leer.

Además del aprendizaje de la lengua meta, en este caso, del francés, las investigaciones sobre la inmersión canadiense se focalizaron en determinar si los programas podrían suponer un detrimento en la adquisición académica de la lengua materna, en este caso, el inglés. La preocupación tenía toda la lógica, ya que, en los programas de inmersión total temprana, el 100% del currículo se impartía en la lengua segunda (francés) desde educación infantil hasta segundo curso de primaria; disminuía ligeramente hasta el 85% en tercero, hasta el 70% en cuarto y en quinto y en sexto suponía el 50% del horario escolar. Efectivamente, los primeros estudios detectaron un cierto retraso en la comprensión lectora y en el vocabulario en inglés en el alumnado en inmersión en el tercer curso de primaria (Lambert & Tucker, 1972; Swain & Lapkin, 1982), lo que se explicaba por la casi ausencia de la lengua materna en la instrucción académica. Sin embargo, a medida que aumentaba el porcentaje de presencia curricular del inglés, las diferencias se nivelaban rápidamente, de manera que al final de la educación primaria ya no se observaron diferencias en la adquisición de la lengua materna (inglés) entre el alumnado en programas de inmersión en francés y aquellos que cursaron en inglés toda su escolaridad (Genesee, 1978, Lambert & Tucker, 1972; Swain & Lapkin, 1982).

Varias décadas más tarde, se realizaron nuevas evaluaciones sistemáticas que arrojaron resultados todavía más prometedores. Así, Turnbull et al. (2001) analizaron los resultados de las pruebas oficiales de la oficina regional de evaluación de Ontario y observaron que en tercero de primaria, el alumnado en inmersión en francés se desempeñaba en inglés incluso mejor que aquellos que habían recibido toda su instrucción escolar en inglés. Además, las diferencias a favor del grupo en inmersión aumentaron significativamente al llegar a sexto curso (Lapkin et al., 2003). La paradoja que supone que el alumnado en inmersión supere en lengua inglesa al resto del alumnado, aun habiendo recibido un porcentaje de exposición académica al inglés visiblemente inferior, se explicó de acuerdo con otras variables y teorías.

Genesee y Jared (2008) compararon el nivel socioeconómico de ambos grupos y concluyeron que "los estudiantes de los programas de inmersión y en los programas en inglés eran comparables con respecto al origen socioeconómico, descartándose este aspecto como factor explicativo" (p. 141). Sin embargo, sí que observaron que el alumnado en inmersión en francés, al estar en contacto con la lengua inglesa fuera de la escuela pudiera haber tenido experiencias de alfabetización en el hogar, la comunidad y a través de los medios de comunicación, lo que sugiere que la adquisición de la lectoescritura en lengua materna no está en peligro en programas de inmersión, cuando la L1 se encuentra presente en el entorno social cultural y mediático (Genesee, 2004).

Además del contexto social, esta "paradoja" se explicó a partir de la construcción de teorías acerca del aprendizaje de lenguas. Tal es el caso de la enunciación del principio de interdependencia lingüística (Cummins, 1979), que establece que las habilidades y estrategias de carácter lingüístico que se adquieren en un idioma (sea la lengua materna o una segunda lengua) pueden transferirse a la otra y viceversa. Esto es así porque, según Cummins, (1981) existe una competencia subyacente común (CUP, *Common Underlying Proficiency*), que engloba conocimientos, habilidades y estrategias lingüísticas que se pueden aplicar, en mayor o menor medida, a cualquiera de las lenguas que el individuo esté aprendiendo, dependiendo del grado de similitud entre ellas (Genesée, 1987). Aunque las lenguas sean muy distintas en su apariencia (sonidos, vocabulario, gramática) existe un fondo común entre todas ellas, que permite esta transferencia de conocimientos lingüísticos de una a otra. Así, por ejemplo, cuando se aprende a leer y descodificar los signos en una lengua, esta habilidad puede transferirse a la descodificación o lectura en otra lengua, aunque cada lengua tenga sus peculiaridades en este aspecto. Otras habilidades lingüísticas como la capacidad para resumir contenidos, extraer la idea principal de un texto, organizar un texto según una progresión temática, o dividirlo en párrafos adecuadamente son estrategias fundamentales de comprensión y expresión académicas que pueden transferirse directamente entre los distintos repertorios lingüísticos del aprendiz.

La experiencia de inmersión canadiense y, sobre todo, los resultados de las evaluaciones sistemáticas acerca de su eficacia, así como las teorías acerca de la interdependencia entre lenguas, la transferencia y la competencia subyacente común, contribuyeron de manera significativa a la expansión del aprendizaje de lenguas a través de asignaturas de contenido a nivel global y a su identificación como práctica educativa innovadora de éxito para el aprendizaje de lenguas.

5.1.2. Políticas europeas y educación bilingüe: el AICLE como enfoque europeo a seguir

Desde el inicio de la Unión Europea, sus instituciones fueron muy conscientes de que la promoción del aprendizaje lenguas desempeñaba un papel muy relevante para la cohesión de Europa, no solo por su contribución a la movilidad de bienes y servicios, sino también por la necesidad de construir una identidad europea basada en la comprensión, aceptación y valoración mutua entre los estados miembros. Este interés por el aprendizaje de lenguas cristalizó en la Resolución de Consejo y de los Ministros de Educación del 9 de febrero de 1976, en las Conclusiones del Consejo de Europa de Stuttgart de 1983 y en las Conclusiones del Consejo del 4 de junio de 1984. En 1989, el programa *Lingua* (Consejo 89/489/CEE) se consagra a la búsqueda de metodologías innovadoras y eficaces para el aprendizaje de idiomas, y entre ellas, comienzan a ganar terreno los enfoques basados en la educación en inmersión o bilingüe que, como en el caso de Canadá, se caracterizaban por el uso de la lengua meta como vehículo de contenidos de las asignaturas escolares.

En 1994, se acuña el término AICLE (aprendizaje integrado de contenidos y lenguas), también conocido por sus siglas en inglés, CLIL (content and language integrated learning). Para Marsh (2002, p. 11), el AICLE era "una solución pragmática a una necesidad europea", en el sentido de que en el contexto europeo era complicado perfilar un programa único que pudiera adaptarse a la idiosincrasia y particularidades de diferentes países y AICLE consigue, precisamente, dotar de un marco común a implementaciones de enseñanza bilingüe muy diversas.

A partir de 1995, comienza, de manera intensa, la promoción del AICLE. La Resolución del Consejo del 31 de marzo de 1995 identifica la enseñanza integrada de lenguas y contenidos como un modelo exitoso para el aprendizaje de lenguas, mientras que el Libro Blanco "Enseñanza y aprendizaje. Hacia una sociedad del conocimiento", marca como objetivo educativo el aprendizaje de al menos dos lenguas europeas (L1+2) y coadyuva a la difusión del AICLE, en sus múltiples interpretaciones, a escala europea. A partir de 1996 se financian diversas acciones para contribuir al desarrollo teórico- práctico del enfoque, así como para detectar buenas prácticas que orienten a los responsables de las políticas educativas y al profesado. También se fomentan las investigaciones destinadas a estudiar la eficacia y resultados de aprendizaje del enfoque.

En el Plan de Acción 2004-2006 de promoción del aprendizaje de las lenguas y la diversidad lingüística, se alude al AICLE como una de las metodologías más prometedoras para garantizar el aprendizaje de lenguas segundas. Por su parte, el informe Eurídice de 2006 titulado "Aprendizaje Integrado de Contenidos y Lenguas (AICLE) en el contexto escolar europeo" (EACEA, 2006) registra que el enfoque está ya presente en esa fecha en la mayoría de los países miembros. Este informe supone también un importante revulsivo para activar tanto la difusión del AICLE, como la creación de redes para su investigación.

5.1.3. Los inicios de la educación bilingüe en España

Las directivas europeas y los esfuerzos para promocionar el modelo de enseñanza bilingüe europeo AICLE llegan también a España en los primeros años de la primera década del 2000. Es preciso recordar que la descentralización de competencias en materia educativa da lugar a que el diseño de estos programas quede en manos de las comunidades autónomas, lo que da lugar a un mosaico de propuestas.

Además, hay que tener en cuenta que en las comunidades autónomas bilingües en las que convive junto con el castellano otra lengua cooficial (gallego, vasco o catalán y sus variedades) existen ya experiencias previas de enseñanza de contenidos académicos vehiculados en dichas lenguas. En las comunidades autónomas monolingües, el enfoque era más desconocido, a no ser por algunas iniciativas de tipo privado y público. Por un lado, existían con anterioridad al 2000 colegios e institutos bilingües, de carácter privado, reservado a las élites y presentes solo en las grandes capitales. También existían en las grandes capitales los llamados "liceos" que proporcionaban aprendizaje integrado de contenidos y de lengua francesa. Por otro lado, se había introducido en España en torno al año 1996 el programa educativo bilingüe (PEB) que emanó de los convenios British-MEC para la enseñanza integrada del inglés en colegios e institutos en las siguientes comunidades autónomas: Aragón, Cantabria, Castilla-La Mancha,

Castilla y León, Madrid, Navarra, Extremadura, Islas Baleares, Asturias y Murcia, además de las ciudades autónomas de Ceuta y Melilla.

Por su parte, durante los primeros años de la primera década del 2000, las distintas comunidades autónomas elaboran sus propios programas AICLE, para responder a las recomendaciones europeas. Así, por ejemplo, el País Vasco lanza su experiencia plurilingüe en 2003; La Rioja, Madrid y Extremadura y Canarias comienzan en 2004; Andalucía y Castilla La Mancha, en 2005; Castilla y León, en 2006 y Galicia y Cataluña inician experiencias piloto a finales de la década de los 90, aunque en el caso de Galicia, la regulación actual del AICLE data de 2007, mientras que, en Murcia, la normativa del llamado "SELE" (sistema de enseñanza en lenguas extranjeras) es de 2009.

Las denominaciones del programa varían también de unas comunidades a otras, y, además de la mencionada en Murcia encontramos: programas lingüísticos, enseñanza bilingüe, secciones europeas, secciones bilingües, programa integral de bilingüismo en lenguas extranjeras, etc. Con el tiempo surgirán transformaciones del programa y nuevas siglas y denominaciones que lo engloban, tales como BRIT-Aragón y PALE (proyecto de ampliación de lenguas extranjeras), en Aragón; PAI (programa de aprendizaje en idiomas), en Navarra, PILE (plan de impulso de las lenguas extranjeras), en Canarias, etc.

5.2. Expansión de la enseñanza bilingüe

Desde la creación de los programas bilingües, el número de centros adscritos al mismo ha ido creciendo exponencialmente en España. Esta tendencia se corresponde con la situación del AICLE a nivel internacional, incluyendo países extracomunitarios que han ido adoptando esta denominación en sus experiencias de enseñanza bilingüe. Tal es el caso de América Latina, donde el término está adquiriendo cada vez más popularidad (Banegas et al., 2020) y hasta existe una revista científica publicada por la Universidad de la Sabana (Colombia), la *Latin American Journal of Content & Language Integrated learning* o *LACLIL*, que recoge las investigaciones relacionadas con este enfoque. Del mismo modo, AICLE es el acrónimo empleado en el continente asiático para referirse tanto a la educación bilingüe (Hong Kong, Taiwán y Malasia), como a la enseñanza de la asignatura de inglés a través de contenidos interdisciplinares, como es el caso de Japón, en el que está cobrando popularidad esta variedad de AICLE conocida como "soft CLIL" (Ikeda et al., 2019).

En Europa, por su parte, también se ha registrado un ascenso en la implementación de la enseñanza bilingüe, como muestra la edición de Eurídice de 2017, que, 11 años después del conocido informe de 2006, vuelve a abordar el currículo integrado, esta vez, no de manera exclusiva, sino entre otras cuestiones relativas al aprendizaje de lenguas que se aglutinan bajo el título "Cifras clave de la enseñanza de lenguas en los centros escolares de Europa" (EACEA, 2017). Según el informe, los programas AICLE están presente en casi todos los países, y, en algunos, el enfoque se plantea de manera generalizada u obligatoria en etapas o cursos. Ese es el caso de Austria y Liechtenstein, países en los que la educación bilingüe se oferta a todo el alumnado en los primeros cursos de educación primaria; en Chipre, es obligatorio al menos en un curso de educación primaria; en Luxemburgo y Malta, lo es en educación primaria y secundaria; y en Italia, en el último curso de educación secundaria superior.

En España, según el informe "Datos y cifras, curso escolar 2022-2023" (Ministerio de Educación y formación profesional, 2022), un 39,7% del alumnado de educación primaria y el 30% de estudiantes en educación secundaria obligatoria cursan estudios en programas de educación bilingüe tipo AICLE, lo que supone un alto porcentaje de media, teniendo en cuenta la variabilidad entre provincias y las dificultades que entraña la introducción de una tercera lengua de instrucción en las comunidades autónomas con dos lenguas cooficiales. Las comunidades autónomas con mayor porcentaje de alumnado de educación primaria en programas bilingües son Murcia (84,3%), Castilla y León (63,7%), Navarra (55%) y Aragón y Madrid (51,6 y 51,3% respectivamente). En educación secundaria los porcentajes de alumnado bilingüe son menores, y en este caso, Andalucía lidera la tabla con un 46,3%, seguida de Murcia, con 45,6% y Madrid, con 42%. Las comunidades autónomas con un porcentaje más bajo de implementación de enseñanzas bilingües son Illes Balears y Comunitat Valenciana. Los datos de Cataluña no aparecen en el referido informe (Tabla 5.1).

Aunque no existen datos oficiales acerca del porcentaje de alumnado de educación infantil en programas AICLE, la mayor parte de los programas de educación bilingüe autonómicos incluyen el segundo ciclo de la etapa de educación infantil, por lo que a las cifras expuestas en la tabla 5.2., habría que añadir los datos correspondientes a esta etapa. Del mismo modo, el programa PEB bilingüe y bicultural del British-Council, se implementa en 90 colegios de educación infantil y primaria a lo largo del territorio español y uno de sus principios es el inicio de la educación bilingüe en educación infantil a partir de los tres años de edad.

5.3. Diseño de los programas bilingües en España

Del mismo modo que sucede a nivel europeo y en otros continentes, una de las características del AICLE español es su enorme variabilidad dependiendo

Tabla 5.1. Porcentaje de alumnado que cursa enseñanzas de aprendizaje integrado de contenidos y lengua extranjera (2020-2021)

PORCENTAJE DE ALUMNADO QUE CURSA ENSEÑANZAS DE APRENDIZAJE INTEGRADO DE CONTENIDOS Y LENGUA EXTRANJERA (2020-2021)		
Comunidad autónoma	E. Primaria	ESO
Total	39,7%	30,0%
Andalucía	43,6	46,3
Aragón	51,6	29,1
Asturias, Principado de	39,9	26,6
Balears, Illes	0,4	1,0
Canarias	47,3	23,8
Cantabria	32,5	20,9
Castilla y León	63,7	35,7
Castilla-La Mancha	37,9	21,5
Comunitat Valenciana	2,4	1,3
Extremadura	33,5	27,5
Galicia	39,5	15,7
Madrid, Comunidad de	51,3	42,0
Murcia, Región de	84,3	45,6
Navarra, Comunidad Foral de	55,8	3,8
País Vasco	26,9	34,8
Rioja, La	19,7	5,2
Ceuta	15,4	2,2
Melilla	34,6	6,7

Fuente: Elaboración propia a partir del informe "Datos y cifras, curso escolar 2022-2023" (Ministerio de Educación y formación profesional, 2022)

de la normativa de los distintos territorios. Las distintas regulaciones tienen en común la impartición de una o varias asignaturas en una lengua extranjera. Sin embargo, a este respecto, existen diferenciaciones tanto en el número de asignaturas, como en su carácter, así como en lo que respecta a la lengua extranjera de impartición.

En lo que concierne al número de asignaturas, en alguna comunidad autónoma como Murcia se establecen periodos lectivos y no asignaturas de contenido enteras. En primaria, en la modalidad básica se han de impartir 1 ó 2 periodos lectivos semanales, en la modalidad intermedia entre 2,5 y 4,5 y 5 ó más para la avanzada. En secundaria, también en la modalidad básica se imparten 1 ó 2 periodos en la lengua meta; en la modalidad intermedia, entre 3 y 6 y más de 6 para que el proyecto pase a la modalidad avanzada.

En Madrid, los requisitos de impartición en lengua extranjera se expresan en porcentajes para la educación primaria (30%), mientras que en secundaria se alude al número de asignaturas en el llamado "programa bilingüe" (al menos 1 asignatura y tutoría), y a fracciones (al menos un tercio del currículo) en la llamada "sección bilingüe".

En Castilla-La Mancha, se establecen horquillas de porcentaje del currículo (entre 20 y 50%, dependiendo de las etapas educativas) y en Extremadura se habla también de horquillas (20-50%) para educación primaria, mientras que en educación secundaria es imprescindible impartir dos asignaturas en una lengua extranjera (modalidad A1) o una en una lengua extranjera y otra en una segunda lengua extranjera (modalidad A2 o mixta).

En Castilla y León se han de impartir dos o tres asignaturas tanto en primaria como en secundaria, siempre que no se supere el 50% del horario escolar. En Aragón se ha de impartir al menos el 35% en lengua extranjera. Andalucía, tras la modificación normativa introducida 2016, plantea uno de los programas con mayor porcentaje de impartición en lengua extranjera, ya que se exige para todas las etapas que al menos el 50% del currículo se imparta en una lengua extranjera.

En cuanto a las asignaturas objeto de impartición en lengua extranjeras, algunos programas mencionan explícitamente la imposibilidad de impartir en una lengua extranjera la asignatura de lengua castellana y su literatura (lo que, dicho sea de paso, parece bastante obvio), a la que se añaden otras dependiendo de las comunidades autónomas. En Extremadura la asignatura de religión no puede incluirse en el programa y en Madrid, las matemáticas han de ser impartidas siempre en castellano. Paradójicamente, en Castilla-La Mancha, en educación primaria, será obligatoria la impartición en la lengua meta de un área troncal a elegir entre Matemáticas, Ciencias de la Naturaleza y Ciencias Sociales. En otros casos, ciertas asignaturas no son excluidas u obligadas respecto de la impartición bilingüe, sino que existe una recomendación al respecto. Tal es el caso del área de Ciencias de la Naturaleza, y Conocimiento Aplicado en educación primaria en Murcia. Del mismo modo, en primaria en la comunidad de Madrid se establece como área de impartición preferente en lengua extranjera Conocimiento del Medio Natural, Social y Cultural y se hace alusión a Educación Artística y Educación Física como asignaturas frecuentemente incluidas en el programa.

Si nos fijamos en la lengua de impartición, la mayoría de los programas bilingües, incluidos los del British Council, emplean el inglés para vehicular contenidos curriculares. Los programas AICLE de las comunidades autónomas están generalmente abiertos a otras lenguas de impartición, como el francés, que además de en los programas autonómicos encuentra su implementación como lengua de transmisión de contenidos en los liceos franceses y en los programas de Bachibac. Otras lenguas extranjeras empleadas en los programas de educación bilingüe son el alemán, el italiano y el portugués. Algunos programas están abiertos a propuestas en lenguas diferentes de las anteriores.

5.4. Principales desafíos de los programas de educación bilingüe

Entre los principales desafíos que han de afrontar los programas de educación bilingüe destacaremos cuatro: la variabilidad, la generalización, la dotación y la acreditación del profesorado.

5.4.1. La variabilidad: unidad del término "Educación bilingüe" *vs* diversidad de programas

Como se ha visto en el apartado anterior, existen grandes diferencias en el diseño de los programas bilingües en España, debido a la descentralización de las competencias en materia educativa, y también a la ausencia de un marco normativo superior que establezca unos mínimos a nivel nacional, o incluso europeo. El inconveniente de esta flexibilidad del enfoque es que se llama educación bilingüe a implementaciones que poco tienen que ver unas con otras. Así, por ejemplo, en un extremo, la modalidad básica del SELE en Murcia consiste en la impartición de contenidos en una lengua extranjera durante 1 ó 2 periodos lectivos semanales, mientras que en Andalucía, un centro solo puede llamarse bilingüe si supera el 50% del horario escolar vehiculado por una lengua meta.

A pesar de que la flexibilidad y adaptabilidad a distintos contextos se encuentra en el ADN de AICLE, este puede ser un punto débil del enfoque, ya que puede crear confusiones entre familias, profesorado y la sociedad en su conjunto sobre qué es la enseñanza bilingüe y, sobre todo, sobre qué resultados de aprendizaje se pueden esperar de ella. Además, la variabilidad en el diseño de los programas dificulta enormemente la posibilidad de evaluar la enseñanza bilingüe en España en su conjunto, así como extraer conclusiones generales sobre su funcionamiento y establecer propuestas de avance y mejora.

5.4.2. ¿La generalización como objetivo a conseguir?

En el informe Eurídice de 2017 (EACEA, 2017) se exponen como modelos a seguir los implementados por algunos países en el sentido de generalizar la enseñanza bilingüe en ciertos cursos y etapas. En el caso de España, la extensión de la educación bilingüe a todo el alumnado de una comunidad autónoma es un proceso complejo. En Murcia, por ejemplo, todos los centros están autorizados a implementar el programa SELE en el nivel básico (lo que conlleva la impartición de uno o dos periodos lectivos de contenidos en lengua extranjera). De este modo, se puede llegar a la generalización, pero se trata de una generalización de mínimos, cuyo impacto en la mejora del alumnado es, probablemente, también limitado. En Castilla-La Mancha, hubo un intento de generalización de la educación bilingüe mediante la implementación de un sistema escalonado, semejante al de Murcia, organizado en tres niveles: iniciación (una asignatura en lengua extranjera), desarrollo (dos) y excelencia (tres o más asignaturas). La entrada de nuevos centros a través del nivel de iniciación puso en peligro la sostenibilidad del programa en lo que respecta, entre otros recursos, a la disponibilidad de auxiliares de conversación, además de afectar a la percepción de la calidad del programa y a su eficacia para la mejora de las competencias lingüísticas del alumnado. Este programa fue sustituido por otro (Nieto Moreno de Diezmas & Ruiz Cordero, 2018), cuyos objetivos principales fueron a) homogeneizar el programa a través de la implantación de un sistema de porcentajes mínimos y máximos (entre el 25 y el 50% para la enseñanza primaria y entre el 30 y el 50% para la secundaria) y b) optar por la calidad frente a la cantidad, coadyuvando a que los centros menos preparados abandonaran el programa.

5.4.3. Apoyo institucional y recursos

Llama la atención que, en las instrucciones y convocatorias de adscripción de nuevos centros al programa bilingüe de gran parte de las comunidades autónomas, se haga alusión a que no habrá dotación de personal docente ni de carácter económico adicional para los centros que soliciten implementar educación bilingüe. Una innovación docente de este calado no puede realizarse "a coste cero", si se pretende que pueda incorporar unos estándares, al menos mínimos, de calidad. La decisión de muchas comunidades autónomas de no invertir en el desarrollo de la educación bilingüe no puede más que desplegar efectos negativos para el correcto desenvolvimiento del programa y debería revisarse.

5.4.4. La acreditación del profesorado

La formación y acreditación del profesorado es uno de los pilares de una educación de calidad y la educación bilingüe no es una excepción. En este ámbito, existe también variabilidad a nivel nacional que oscila entre la exigencia de un nivel B2 o C1 del MCER, que, incluso aunque parezca insuficiente, concuerda, no obstante, con los datos recabados sobre los requisitos de acreditación del profesorado en los programas bilingües en los distintos países europeos, tal y como figura en el informe Eurídice de 2017 (EACEA, 2017).

Muchas veces no basta con que las autoridades educativas exijan un nivel de lengua superior, puesto que puede aflorar el problema, como ya ha ocurrido en Castilla-La Mancha, de que el propio programa puede ponerse en riesgo porque el profesorado que lo imparte no consigue acreditarse y porque no se cuenta con el número preciso de docentes con la acreditación lingüística necesaria. Mención aparte merece la acreditación metodológica del profesorado (Custodio-Espinar & García-Ramos, 2020). Es necesario que, además de una acreditación lingüística, el profesorado cuente con formación sobre la metodología AICLE y sea capaz de programar, evaluar, recabar y crear recursos en lengua extranjera, así como comprender cómo se aprende una lengua extranjera y cómo integrar este aprendizaje con la adquisición de las competencias propia de las asignaturas de contenido.

Referencias

Banegas, D. L., Poole, P., & Corrales, K. (2020). Content and language integrated learning in Latin America 2008-2018: Ten years of research and practice. *Studies in Second Language Learning & Teaching, 10*(2), 283-305.

Cummins, J. (1981). The role of primary language development in promoting educational success for language minority students. In California State Department of Education (Ed.), *Schooling and language minority students: A theoretical framework*. Evaluation. Dissemination and Assessment Center, California State University, Los Angeles.

Cummins, J. (1979). Linguistic Interdependence and the Educational Development of Bilingual Children. *Review of Educational Research, 49*(2), 222–251. https://doi.org/10.2307/1169960

Custodio-Espinar, M., & García-Ramos, J.M. (2020). Are accredited teachers equally trained for CLIL? The CLIL teacher paradox. *Porta Linguarum*, 33(1), 9-25.

EACEA. Agencia Ejecutiva Europea de Educación y Cultura, Eurídice (2006). *Content and language integrated learning (CLIL) at school in Europe*. Brussels Eurydice.

EACEA. Agencia Ejecutiva Europea de Educación y Cultura, Eurídice. (2017) *Key data on teaching languages at school in Europe: 2017 edition*, Publications Office, 2017, https://data.europa.eu/doi/10.2797/04255

Genesee, F. (1978). Is there an optimal age for starting second language instruction? *McGill Journal of Education*, 13, 145-154.

Genesee, F. (1991). Second language learning in schools settings: Lessons from immersion. In A. Reynolds (Ed.), *Bilingualism, multiculturalism, and second language learning* (pp. 183–201). Lawrence Erlbaum.

Genesee, F. (2004). What do we know about bilingual education for majority language students? In T.K. Bhatia & W. Ritchie (Eds.), *Handbook of Bilingualism and Multiculturalism* (pp 547- 576). Blackwell.

Genesee, F., & Jared, D. (2008). Literacy development in early French immersion programs. *Canadian Psychology*, 49(2), 140–147. https://doi.org/10.1037/0708-5591.49.2.140

Ikeda, M., Izumi, S., Watanabe, Y., Pinner, R., & Davis, M. (2021). *Soft CLIL and English language teaching: Understanding Japanese policy, practice and implications*. Routledge.

Lambert, W. E., & Tucker, G. R. (1972). *Bilingual Education of Children: The St. Lambert Experience*. Rowley.

Lapkin, S., Hart, D., & Turnbull, M. (2003). Grade 6 French immersion students' performance on large- scale reading, writing, and mathematics tests: Building explanations. *Alberta Journal of Education*, 49, 6–23. https://doi.org/10.11575/ajer.v49i1.54956

Marsh, D. (ed.). (2002). *CLIL/EMILE the European dimension*. University of Jyväskyla.

Ministerio de Educación y formación profesional, 2022 "Cifras clave de la enseñanza de lenguas en los centros escolares de Europa".

Nieto Moreno de Diezmas, E. & Ruiz Cordero, B. (2018). La evaluación de los programas AICLE en Castilla-La Mancha. En J. L. Ortega Martín, S. Hughes & D. Madrid (Eds.), *Análisis de los factores de calidad en los programas españoles de educación bilingüe* (pp 93-104). Ministerio de Educación Cultura y Deporte y British Council.

Swain, M., & Lapkin, S. (1982). *Evaluating bilingual education: A Canadian case study*. Multilingual Matters.

Turnbull, M., Lapkin, S., & Hart, D. (2001). Grade 3 immersion students' performance in literacy and mathematics: Province-wide results from Ontario (1998-99). *The Canadian Modern Language Review, 58*(1), 9-26. doi:10.3138/cmlr.58.1.9

Capítulo 6. El enfoque pedagógico del aprendizaje integrado de contenidos y lengua. Profundización y actualización de sus principios metodológicos

En este capítulo se abordará el AICLE como enfoque metodológico ecléctico. En primer lugar, se describirá su carácter de "término paraguas" y su vinculación con otras formas de enseñanza bilingüe. Seguidamente se explorará la construcción de su marco desde la perspectiva del enfoque dual, hacia la tríada de Mehisto et al. (2008), pasando por el conocido marco de las 4 Ces (Coyle, 2011) para llegar al marco de las 5 Ces (García-Rojo & Nieto Moreno de Diezmas, 2022), que incorpora las competencias clave en el constructo del AICLE. En este sentido, se presenta en este capítulo la aportación de una reflexión hacia la integración de un marco basado en competencias para el AICLE y se formula el marco ComCLIL (*Competence-based CLIL framework*, o marco AICLE basado en competencias), que incluye y amplía los marcos anteriores y concibe el AICLE como un enfoque intrínsecamente unido al aprendizaje basado en competencias. En el último apartado del capítulo, se enumeran las principales teorías y enfoques que CLIL adopta para promover la integración de competencias y aprendizajes en un escenario complejo en el que el alumnado ha de realizar un doble esfuerzo cognitivo para aprender nuevos contenidos a través de una lengua que no es la materna. Entre dichos enfoques y teorías, caracterizados por situar al alumnado en el centro del proceso y promover un aprendizaje activo, se revisarán los siguientes: constructivismo, multimodalidad y pensamiento visual (*visual thinking*), aprendizaje cooperativo basado en tareas y proyectos, aprendizaje situado y aprendizaje experiencial (*x-learning*), la taxonomía de Bloom, y aprender enseñando (*learning by teaching*). Todas estas propuestas metodológicas se enmarcan en la teoría del aprendizaje profundo que persigue la adquisición de conocimientos significativos y duraderos.

6.1. El AICLE como paraguas metodológico y su relación con otros enfoques de educación bilingüe

Como se vio en el capítulo 5, la acuñación del término AICLE (aprendizaje integrado de contenidos y lenguas), en 1994, se inscribe dentro de las políticas europeas de fomento del aprendizaje de lenguas. Los programas de inmersión canadiense, así como las experiencias de educación bilingüe en Estados Unidos ponían sobre el tablero un enfoque de enseñanza de idiomas innovador y eficaz, que la Unión Europea pretendió capitalizar. Para ello, era preciso adoptar un término amplio que pudiera ser válido para la diversidad de contextos y situaciones que se derivan del carácter plurinacional de la Unión Europea, así como de las peculiaridades territoriales en el seno de los distintos países. Así, la esencia de AICLE es, pues, su adaptabilidad y flexibilidad, su carácter de "término paraguas" (Dalton-Puffer & Smit, 2007, p. 8) que pudiera abarcar una multitud de propuestas, y subsumir bajo su rúbrica la gran variedad de prácticas implementadas en el conjunto de países de la Unión.

La relación entre el AICLE y otras formas de enseñanza bilingüe, como la inmersión o la instrucción basada en los contenidos (*content-based instruction*), ha sido estudiada, pero sin que se establezcan conclusiones exentas de debate. Para Marsh (2002), la creación del término AICLE fue fruto de la necesidad de buscar una rúbrica, dadas las diferencias contextuales entre Europa y Canadá. Asimismo, Coyle (2007) precisa que, en el momento de la creación del término, se imponía la necesidad de emplear una denominación distinta de "inmersión" para evitar la asociación con los modelos canadienses. Para Maillat (2010), la inmersión incluye al AICLE, que se entiende como una variedad específica, mientras que Mehisto et al. (2008), por el contrario, consideran que AICLE es un término más amplio y que los programas de inmersión son, por tanto, un tipo de AICLE.

Al margen de los intentos de buscar una relación de hiperonimia entre las distintas formas de educación bilingüe, Lasagabaster y Sierra (2009) encuentran divergencias en distintos aspectos contextuales y de diseño entre AICLE y los programas de inmersión como el canadiense. Las diferencias fundamentales se encuentran en el estatus sociolingüístico de la lengua segunda empleada en la instrucción y en la competencia lingüística del profesorado, que da lugar a que las expectativas de aprendizaje y dominio de la lengua de instrucción difieran en uno y otro enfoque. En la tabla 6.1. se confrontan las principales características de AICLE e inmersión en lo que concierne a los aspectos anteriormente señalados.

Tabla 6.1. Diferencias entre AICLE e inmersión

	AICLE	INMERSIÓN
LENGUA DE INSTRUCCIÓN	Una lengua extranjera (muy frecuentemente, inglés)	Una lengua presente en el entorno social (frecuentemente, cooficial)
PROFESORADO	Han aprendido la L2 y tienen un nivel en esa lengua entre B2 y C2	Son hablantes nativos de la lengua de instrucción
OBJETIVOS LINGÜÍSTICOS	Mejora de la competencia lingüística (B1/B2 al final de secundaria obligatoria)	Adquisición de niveles de competencia similares a los hablantes nativos

Fuente: Elaboración propio a partir de Lasagabaster y Sierra (2009)

6.2. Del enfoque dual al marco de las 5 ces

6.2.1. El foco dual de AICLE

Desde la construcción del término, AICLE se concibe y describe como un enfoque educativo dual. Como explica Marsh (2002, p.58) "AICLE se refiere a situaciones en las que las materias, o parte de las materias, se enseñan a través de una lengua extranjera con un doble objetivo, a saber, el aprendizaje de contenidos y el aprendizaje simultáneo de una lengua extranjera". En la misma línea, y de manera muy didáctica, la definición, ya clásica de Coyle et al. (2010, p. 1) plantea la relación dual entre contenido y lenguas extranjeras:

> El Aprendizaje Integrado de Contenidos y Lenguas Extranjeras (AICLE) es un enfoque educativo de doble foco en el que se utiliza una lengua adicional para el aprendizaje y la enseñanza tanto de contenidos como de lenguas. Es decir, en el proceso de enseñanza y aprendizaje, hay un enfoque no solo en el contenido, y no sólo en el lenguaje. Cada uno está entrelazado, aunque el énfasis sea mayor en uno u otro en un momento dado. (Coyle et al., 2010, p. 1)

Este doble foco hace que Dale y Tanner (2012) sitúen las diversas implementaciones de AICLE en la zona central del continuum establecido por Met (1998), con dos extremos: en uno de ellos se situarían las prácticas más centradas en el contenido y, en el opuesto, las más centradas en el idioma. Según Ting (2010, p. 3), "AICLE aboga por un equilibrio a 50:50/contenido: lengua", mientras que Nieto Moreno de Diezmas y Custodio Espinar (2022) entienden que el doble foco ha de interpretarse como "la necesidad de garantizar tanto la adquisición de los contenidos, como de la lengua de instrucción" (p. 71), poniéndose así de manifiesto que una efectiva implementación del enfoque educativo bilingüe debe proporcionar unos estándares de aprendizaje lingüístico, pero que éstos, no pueden resultar en detrimento de los niveles de adquisición de los contenidos vehiculados en la lengua meta.

En relación con las complejidades que se derivan de la propia definición de AICLE como enfoque dual, hay que precisar, además, que dado su carácter de "término paraguas", bajo la rúbrica de AICLE se incluyen dos tipos claramente diferenciados: el llamado AICLE tipo A o "AICLE duro" *(hard CLIL)* y AICLE tipo B o "AICLE suave" (*soft CLIL*) (Massler et al., 2014).

El AICLE tipo A constituye el modelo de educación bilingüe inicial, aquel "en el que materias como la geografía o la biología se enseñan a través de una lengua extranjera" (Dalton-Puffer et al., 2010, p. 1). El AICLE tipo B (soft CLIL), por su parte, contempla la inclusión de contenidos transversales en la asignatura de lengua inglesa. Es importante precisar, que el foco dual de AICLE se predica del AICLE tipo A, puesto que en el AICLE tipo B, el objetivo de la asignatura es la adquisición de la lengua meta, de manera que el empleo de los contenidos para vehicular el aprendizaje lingüístico tiene una función motivadora y estratégica, pero no curricular, de manera que, en el AICLE tipo B, no se persigue el equilibrio lengua/contenido, sino que el foco se encuentra en el aspecto lingüístico.

6.2.2. El tríptico de Mehisto, Marsh y Frigols y su conexión con los procesos de andamiaje

El foco dual de AICLE, con énfasis tanto en el aprendizaje del contenido como de la lengua meta, se amplía con un tercer aspecto. Mehisto et al. (2008) llegan a la conclusión de que se precisa de un elemento conector entre la lengua y el contenido para posibilitar la integración de los aprendizajes: las habilidades de aprendizaje (*learning skills*).

En un contexto de aprendizaje en el que el alumnado tiene que asimilar nuevos contenidos en una lengua que es también nueva, se plantean dificultades que han de contar con el apoyo de técnicas docentes que desarrollen de manera explícita habilidades cognitivas y estrategias de aprendizaje. De esta manera, se facilita el doble esfuerzo cognitivo (Halbach, 2009) que el alumnado debe realizar para adquirir de manera integrada dos tipos de aprendizajes nuevos: el contenido y la lengua que los vehicula.

Así pues, los objetivos de la enseñanza AICLE, además de centrarse en el aprendizaje de la lengua y el aprendizaje del contenido, han de contemplar explícitamente la adquisición de estrategias de aprendizaje. En consecuencia, se precisa que el profesorado incluya técnicas de andamiaje específicas para atender a las características de este entorno de aprendizaje. Concretamente, como ya señalaba Cummins (1984) al estudiar los aspectos problemáticos del aprendizaje en contextos de inmersión, el profesorado ha de atender a dos tipos de demandas de andamiaje que proceden de:

a) las dificultades que emergen de la adquisición de nuevos contenidos y procesamiento de la información (demandas cognitivas) y
b) las dificultades de tipo lingüístico (vocabulario, gramática, etc.) que se derivan del uso de una lengua de instrucción que no es la materna y cuyo aprendizaje es además objetivo del proceso (demandas lingüísticas)

Para ello, es preciso arbitrar los siguientes tipos de andamiaje:

- Andamiaje de la comprensión. La comprensión depende de que los nuevos conocimientos se conecten con los conocimientos previos (Grossman 2015), de manera que la activación de dichos conocimientos constituye una estrategia que facilita la comprensión. En el caso de AICLE, la activación de conocimientos previos ha de realizarse tanto en el nivel lingüístico como en el del contenido.
- Andamiaje de la expresión. Es preciso dotar al alumnado de herramientas para que pueda expresar sus aprendizajes, como parte imprescindible de la construcción del conocimiento. Para ello, es necesario ofrecer modelos de la tipología textual que convenga, así como guías, incluyendo técnicas como el modelaje (Walqui, 2006), la imitación, complexión y modificación de enunciados, etc.
- Andamiaje de la transformación. Se trata de facilitar las destrezas del alumnado para transformar la información en diferentes formatos (tablas, gráficos, esquemas, etc.), para poder clasificarla, compararla, organizarla y reflexionar sobre ella (Dodge, 2001).

Mahan (2022) considera la importancia de que el andamiaje se construya para ayudar a que el alumnado resuelva tareas en clase. Según Pawan (2008), la mayoría del andamiaje empleado en AICLE se realiza respecto de los contenidos, lo que indica, por un lado, la necesidad de que el profesorado reflexione acerca de las demandas lingüísticas del alumnado y, por otro, refleja la preocupación docente por la comprensión y expresión de los contenidos, es decir, por garantizar que los contenidos se adquieran.

A través del discurso docente, se vehiculan gran parte de las estrategias empleadas como andamiaje del *feedback* lingüístico en la resolución de tareas. En este sentido, McNeil (2011), identifica tres técnicas principales: reformulación (*revoicing*), que consiste en la repetición de la respuesta del estudiante, pero empleando un lenguaje más académico, repetición (*repetition*) de una respuesta correcta para contribuir a la fijación, y elaboración (*elaboration*), en el sentido de incitar al alumnado a que explique, justifique o amplie su respuesta). Banse et al. (2017) se centran en los tipos de preguntas de los profesores en las aulas AICLE y concluyen que el profesorado realiza más preguntas de comprobación, que preguntas referenciales. Las preguntas de comprobación son herramientas de andamiaje y construcción de significados, pero son más estereotipadas y cerradas, mientras que las preguntas referenciales dejan más espacio a la reflexión y a la creatividad lingüística. La investigación de Banse et al. (2017) parece apuntar a que la necesidad que siente el profesorado de que la comprensión se lleve a cabo en estos entornos de aprendizaje en los que se cuenta con la dificultad añadida de que la lengua comunicación académica del aula sea una L2, da lugar a una reducción de las oportunidades que se brindan al alumnado para intervenir de manera más abierta, reflexiva y creativa.

6.2.3. El marco de las 4 ces de Coyle

El acento en el desarrollo de las habilidades de aprendizaje que inspira la triada de Mehisto et al. (2008) queda perfectamente integrado en el llamado marco de las 4 ces de Coyle (2011), y pasa a denominarse "cognición". Los dos elementos principales de AICLE: el contenido y la comunicación, se completan según Coyle con dos elementos más: la cognición (que comprende las estrategias de aprendizaje y pensamiento ya presentes en la triada de Mehisto et al., 2008) y la cultura, ya que la adquisición de contenidos por medio de una segunda lengua se da en el marco de un proceso comunicativo en el que se activan habilidades cognitivas y estrategias interculturales. El marco de las 4 ces explica cómo, gracias a la confluencia e integración de contenido, comunicación, cultura y cognición, se produce el aprendizaje en contextos AICLE. Así, para Coyle (2011), el desarrollo de los aspectos cognitivos y culturales es uno de los objetivos principales de AICLE, ya que "AICLE se ve como un enfoque de la educación que incorpora formas de usar diferentes idiomas para ampliar las experiencias cognitivas, lingüísticas y culturales del alumno" (Coyle, 2011, p. 50)

6.2.4. Hacia un enfoque plenamente integrado: del marco de las 5 ces al marco AICLE basado en competencias (ComCLIL)

En los últimos años, cada vez se está poniendo más el acento en la necesidad de implementar metodologías que tiendan al desarrollo de competencias. Se trata de un cambio de paradigma que bascula desde una enseñanza tradicional, basada en la memorización de contenidos, hacia un escenario de aprendizaje que permita el desarrollo de competencias, concebidas éstas como adquisiciones complejas de conceptos, habilidades y actitudes. Esta no es una cuestión baladí, ya que uno de los retos más importantes de la educación actual es la implementación de enfoques basados en competencias que permitan la adquisición de las denominadas habilidades del siglo XXI.

Los enfoques tradicionales basados en la memorización, que conciben la educación como un proceso de transmisión de conocimientos y consideran a los estudiantes como meros contenedores de conocimientos e información, ya no son satisfactorios, puesto que no pueden responder a las demandas de un mundo en constante evolución, en el que los nuevos descubrimientos y las innovaciones tecnológicas modifican las prioridades educativas y cuestionan lo que se debe enseñar y aprender. En este nuevo contexto, se espera que la educación proporcione a los estudiantes habilidades adaptables y transferibles para el éxito académico, social y personal, y se les dote de las competencias necesarias para movilizar sus conocimientos, habilidades y actitudes para actuar y resolver problemas de la vida real y para aprender a lo largo de la vida

Este nuevo escenario implica pasar de un diseño curricular orientado a la asimilación de contenidos y a la memorización, a un currículo basado en el desarrollo de competencias. Este punto de inflexión también afecta a AICLE, que no puede permanecer ajeno a estos cambios. El Consejo de la Unión Europea (2006, 2018) culmina las reflexiones sobre la necesidad de que los sistemas educativos contribuyan al desarrollo de una serie de competencias consideradas "clave" para posibilitar el aprendizaje más allá del periodo de escolarización obligatoria, a lo largo de toda la vida, estableciendo un marco de ocho competencias clave (Tabla 6.2)

La segunda competencia clave reconocida en la Recomendación Europea es la competencia multilingüe, cuya adquisición es uno de los principales fundamentos de la implementación de AICLE. Además, a la luz de la citada Recomendación Europea, el objetivo de la educación obligatoria y, en consecuencia, de cualquier enfoque educativo, incluido el AICLE, debería ser el desarrollo integrado de las ocho competencias clave. Esto puede chocar con la definición comúnmente conocida de AICLE como "un enfoque educativo de doble enfoque" (Mehisto et al. 2008, 9), ya que AICLE tiene que centrarse en el aprendizaje integrado no solo del idioma y el contenido, y no solo en comunicación, contenido, cognición y cultura, como se establece en el marco de las 4 ces (Coyle, 2011), sino también en las ocho competencias clave, incluida la competencia digital, competencia emprendedora, aprender a aprender, competencias sociales y cívicas, conciencia

Tabla 6.2. Competencias clave para el aprendizaje a lo largo de la vida

COMPETENCIAS CLAVE (2018)	competencia en lectoescritura
	competencia multilingüe
	competencia matemática y competencia en ciencia, tecnología e ingeniería (STEM)
	competencia digital
	competencia personal, social y de aprender a aprender
	competencia ciudadana
	competencia emprendedora
	competencia en conciencia y expresión culturales

Fuente: Elaboración propia a partir de la Recomendación del Consejo de la Unión Europea (2018)

y expresión culturales, competencia matemática y competencia en ciencia, tecnología e ingeniería, etc. De esta manera, se podría llegar al llamado marco de las 5 Ces (García-Calvo Rojo & Nieto Moreno de Diezmas, 2022), en el que se añade como quinta "c" a las competencias clave.

Dando un paso más allá, más que una ampliación de 4 a 5 Ces, el marco de las competencias clave aplicado a AICLE puede sustituir la construcción del marco de Coyle (2011) y aplicarse directamente, ya que incluye y amplia todos los marcos anteriores. La "c" de cognición se aborda dentro de la "competencia personal, social y de aprender a aprender"; la "c" de cultura aparece en la "competencia en conciencia y expresión culturales"; la "c" de comunicación quedaría incluida dentro de la competencia multilingüe y constituiría el núcleo central sobre el que pivotan el resto de las competencias, junto con la "c" de competencias específicas de la asignatura AICLE en cuestión. De esta manera, llegamos al "marco AICLE basado en competencias" o ComCLIL (*competence-based CLIL framework*), formado por una estructura de 2+7, en el que 2 expresa la integración indisoluble de la competencia multilingüe y las competencias específicas de la materia bilingüe y 7 representaría las 7 competencias clave que han de ser integradas en el proceso de enseñanza-aprendizaje bilingüe de manera transversal. De este modo, ComCLIL incluye y amplía el marco de las 4 ces y va más allá del marco de las 5 ces, ya que supone una visión integrada de las competencias clave en AICLE. Así, además de abordar los elementos culturales y cognitivos presentes en los marcos de las 4 y 5 ces, tiene en cuenta las competencias personales, sociales, ciudadanas, emprendedoras, en matemáticas, ciencia y tecnología, y digitales. También incluye la competencia en lectoescritura, reconociendo de este modo los vínculos entre las lenguas desde una perspectiva multilingüe y enfatizando el papel de las alfabetizaciones múltiples (Figura 6.1.)

Figura 6.1. El marco AICLE basado en competencias ComCLIL (Competence-based CLIL framework)
Fuente: Elaboración propia

6.3. Principios del AICLE como enfoque ecléctico para la educación bilingüe

AICLE es un enfoque ecléctico (Nieto Moreno de Diezmas, 2018; Pavesi et al., 2001) que se inspira y alimenta de principios, teorías, enfoques, metodologías, y métodos que puedan servir para facilitar los aprendizajes en un entorno complejo en el que se persigue una asimilación integrada de contenidos y competencias, que a su vez se vehiculan mediante una lengua extranjera, cuya adquisición es también objeto de aprendizaje. Los elementos de teorías y metodologías que AICLE adopta se caracterizan por centrarse en el alumnado y prestar la máxima atención en cómo construye sus conocimientos y cómo aprende mejor, de manera que las pedagogías activas, participativas y colaborativas ocupan un lugar central.

6.3.1. El constructivismo

Los principios del constructivismo (Vygostsky, 1978) tales como la zona de desarrollo próximo (la distancia entre lo que el alumnado es capaz de realizar por sí solo y lo que puede llegar a hacer con ayuda de los demás), la construcción del conocimiento mediante su estructuración a partir de la conexión con los conocimientos previos, la activación de tales conocimientos, y el andamiaje constituyen piedras angulares del AICLE. La activación de los conocimientos previos es fundamental, ya que el alumnado necesita conectar los nuevos aprendizajes con las estructuras cognitivas y las redes de conocimientos que ya ha construido, para poder adaptarlas e integrar esos nuevos aprendizajes. Por ello, hay que partir de los aprendizajes previos y activarlos, es decir, traerlos a la mente, para construir sobre ellos, ya que nada nuevo puede ser aprendido si no se conecta con conocimientos previos concretos. Se trata de construir un puente cognitivo entre el aprendizaje ya adquirido y los nuevos aprendizajes para que, de esta manera, el aprendizaje sea significativo. Las principales estrategias de activación de conocimientos previos son las siguientes:

- ✓ Siempre preguntar antes de explicar
- ✓ Tormentas de ideas
- ✓ Juegos de activación de aprendizaje previos
- ✓ Grupos de discusión
- ✓ Elaboración de diagramas grupales
- ✓ Repaso de contenidos/ vocabulario/ gramática
- ✓ Enumeración de objetivos, contenidos y competencias de la sesión/de la unidad y conexión explícita con los conocimientos previos.

Principios del AICLE como enfoque ecléctico 107

El andamiaje, por su parte, es un elemento clave, puesto que, a través de la construcción de un sistema de apoyo, el alumnado puede progresar en la adquisición de sus competencias. En estos entornos de enseñanza bilingüe, es importante que el andamiaje se realice no solo respecto de los contenidos, graduando su dificultad y aplicando técnicas discursivas como la reformulación, simplificación y ejemplificación, sino que también ha de construirse un andamiaje para la recepción, transformación y producción de la lengua de instrucción, mediante modelos, definiciones, sinónimos, glosarios, etc. Walki (2006) elabora una taxonomía de técnicas de andamiaje que incluye el modelaje, los puentes cognitivos, la contextualización, la construcción de esquemas, la representación y mediación textual y el desarrollo metacognitivo (tabla 6.3)

Tabla 6.3. Técnicas de andamiaje

Técnicas de andamiaje	Descripción
Modelaje de las habilidades productivas y receptivas	Ejemplos de los distintos tipos de texto orales y escritos, su estructura y marcadores discursivos. Hacer explícitas las etapas de la producción: planificación, ejecución y revisión y recepción.
Puentes cognitivos	Establecer relaciones (puentes) entre conocimientos previos y los nuevos aprendizajes
Contextualización	Presentar los nuevos contenidos en contextos significativos y relevantes.
Construcción de esquemas	Organizar los conocimientos del aprendiz sobre la base de sus experiencias o esquemas cognitivos previos. Presentar actividades que los ayuden a realizar las conexiones necesarias.
Representación y mediación textual	Trasladar información y transformar textos y contenidos de un género discursivo a otro.
Desarrollo metacognitivo	Ser explícito en cuanto al tipo de estrategias que pueden ser utilizadas y en lo que respecta a la reflexión y toma de conciencia por parte de los estudiantes sobre sus aprendizajes.

Fuente: Elaboración propia, adaptado de Walki (2006)

6.3.2. La multimodalidad y el pensamiento visual (*visual thinking*)

El foco en los procesos cognitivos del aprendiz, la detección de sus dificultades y la construcción de apoyos y andamiajes forman parte de este enfoque centrado en el alumnado. Esto se justifica porque es un objetivo fundamental del AICLE acompañar al alumnado a través del uso de un reportorio de estrategias y recursos variados y amplios (Ball, 2014). Entre estos recursos, destacan el uso de apoyos visuales y digitales que contribuyen a crear ambientes de aprendizaje más multisensoriales. De esta manera, se promueve la entrada de información multimodal y la activación y conexión de ambos hemisferios cerebrales, además de atender al alumnado con distintos estilos de aprendizaje (visual, auditivo, cinestésico) y diferentes intereses y habilidades.

El pensamiento visual (*visual thinking*) y los apoyos visuales aplicados al AICLE se pueden emplear no solo como facilitadores de la recepción de conocimientos, sino también como elementos en los que anclar procesos de transformación y producción de conocimiento por parte del alumnado. El diseño de diagramas, mapas conceptuales, dibujos, pop-ups, maquetas, etc., contribuye a que el alumnado desarrolle sus procesos cognitivos de orden inferior (recordar, entender, aplicar) y de orden superior (analizar, evaluar, crear), además de mejorar la fijación de conocimientos y competencias asociadas al contenido, incrementar la motivación, y favorecer el esfuerzo y la perseverancia en la tarea (Nieto Moreno de Diezmas & Gómez Muñoz, 2021).

Del mismo modo, los recursos digitales y audiovisuales constituyen grandes aliados del profesorado AICLE, por su potencial para ofrecer más oportunidades de comprensión con las que trabajar en clase y en el hogar, así como la posibilidad de emplear estos recursos para la producción del alumnado y que apoyen presentaciones orales, realización de vídeos, líneas temporales, pósteres, esquemas, etc.

6.3.3. Aprendizaje cooperativo basado tareas y proyectos

El aprendizaje basado en tareas y el aprendizaje basado en proyectos constituyen metodologías centradas en el alumno que pretenden estimular un aprendizaje autónomo y participativo. Este método parte de la idea de que el alumnado aprende de manera más efectiva cuando sus mentes están centradas en la tarea que están realizando, más que en la lengua que están empleando para ello. De este modo, se pasa de una enseñanza centrada en la forma y el producto, a un aprendizaje centrado en el proceso y en la comunicación, en la línea del enfoque comunicativo.

En cuanto al aprendizaje basado en proyectos (ABP), es un enfoque que aboga por un aprendizaje interdisciplinar, práctico, activo y colaborativo. Los proyectos consisten en la realización de tareas más complejas que en el ABT, aunque también significativas y motivadoras para el alumnado, que precisan de la movilización interdisciplinar de distintos conceptos y habilidades, así como de valores y actitudes.

El aprendizaje basado en proyectos (ABP) constituye una herramienta muy valiosa para construir espacios educativos que privilegian la implementación de pedagogías centradas en el alumno, ya que posibilitan que el estudiante pueda tomar decisiones acerca de su aprendizaje y se involucre más en el proceso, lo que contribuye a aumentar su implicación y motivación y a una construcción activa y significativa de los conocimientos. Además, el ABP plantea la realización de un proyecto complejo que permite al alumno desarrollar "integralmente sus capacidades, habilidades, actitudes y valores" (Maldonado, 2008, p. 160), de manera que contribuye a la adquisición de las competencias clave para el aprendizaje a lo largo de la vida (Consejo de la Unión Europea, 2018). Por tanto, si la competencia se entiende como un "saber que mira a la acción, pero que ha de estar sólidamente basado en conocimientos teóricos e inspirado en principios y valores" (Escamilla, 2008, p. 30) y consiste en la movilización de conocimientos, destrezas y recursos psicosociales, incluyendo actitudes (Rychen & Salganik, 2004), el aprendizaje por proyectos constituye una de las herramientas más útiles para que el aprendizaje integrado de competencias clave pueda llevarse a cabo en AICLE, ya que se basa precisamente en la movilización de recursos y competencias para resolver una situación o problema que se le plantea al alumno.

El aprendizaje por proyectos permite también implementar enfoques educativos más individualizados, ya que el alumnado aprende según sus capacidades, inteligencias, motivaciones e intereses. Además, contribuye al desarrollo de la autonomía y de la competencia de aprender a aprender. Por su parte, las conexiones entre aprendizaje basado en proyectos y aprendizaje cooperativo y colaborativo benefician esta metodología y posibilitan un giro desde la competitividad a la cooperación, la solidaridad y la ayuda mutua. La distribución de roles en los grupos coadyuva a que el alumnado adquiera responsabilidad, sepa trabajar en equipo, y desarrolle sus competencias sociales y de autorregulación. Además, la implicación en su propio proceso de aprendizaje y la colaboración en la consecución de metas comunes contribuye a la perseverancia en la tarea y a la eficacia del proceso.

6.3.4. El aprendizaje situado y el aprendizaje experiencial (x-learning)

Se trata de dos teorías o enfoques que se relacionan con las máximas del AICLE de "aprender haciendo", y del uso de las lenguas para aprender al tiempo que se aprende a usarlas (Marsh & Langé, 2000).

El aprendizaje situado (Anderson et al., 1996) parte de la premisa de que la adquisición se favorece cuando el alumnado participa activamente en la experiencia de aprendizaje, tiene control sobre ella y, sobre todo, cuando las actividades o proyectos de clase tienen lugar en un contexto real y auténtico. El alumnado se involucra más cuando el aprendizaje se conecta con el mundo real y cuando tiene que movilizar su creatividad, pensamiento crítico y habilidades cinestésicas para resolver un problema auténtico, situado y contextualizado en un entorno social y significativo.

En cuanto al aprendizaje experiencial o *x-learning* (Kolb, 1984), sostiene que la experiencia no solo es la base, sino también un estímulo esencial para el aprendizaje. Para promover aprendizajes experienciales hay que elaborar actividades, tareas y proyectos en los que el alumnado tenga un papel activo y puedan construir sus aprendizajes en un contexto social y emocional. La conexión entre experiencia, emoción y aprendizaje dará lugar a adquisiciones más memorables y duraderas.

Aunque estas dos teorías no son actuales, en los últimos años están cobrando mayor popularidad en conexión con la emergencia de nuevos enfoques y metodologías conectados con los principios que las sustentan, tales como el diseño de escenarios o situaciones de aprendizaje auténticas y los vínculos entre emoción y aprendizaje, que se encuentran también en la base de la neurociencia y la neurolingüística.

6.3.5. La taxonomía de Bloom

Esta taxonomía fue creada en 1956 por Benjamin Bloom, perteneciente a la Escuela de Chicago, y la versión más empleada en educación es la revisada, en 2001, por Anderson y Krathwohl, que coloca en la cúspide de la pirámide la habilidad cognitiva de "crear". Bloom elaboró su pirámide como instrumento para cuantificar el nivel de conocimiento adquirido en un área o materia, mediante la realización de una jerarquización de los procesos cognitivos en dos niveles: habilidades cognitivas de orden inferior (recordar, comprender, aplicar) y habilidades cognitivas de orden superior (analizar, evaluar y crear).

A pesar de que su objetivo inicial se relacionaba con la evaluación, hoy en día se emplea para establecer objetivos de aprendizaje y para crear ejercicios, actividades y tareas, especialmente en vinculación con el aprendizaje por proyectos, ya que la taxonomía permite estructurar las actividades para posibilitar la adquisición ascendente en complejidad de las estrategias cognitivas.

La taxonomía de Bloom está cobrando gran popularidad al constituir un instrumento valioso que ayuda a comprender los procesos que conducen a la construcción de un aprendizaje más profundo. Contribuye a la reflexión docente para que no solo elabore tareas que desarrollen estrategias cognitivas de orden inferior (recordar, comprender y aplicar), sino para que pueda fomentar la adquisición de habilidades cognitivas más complejas como analizar, evaluar y crear, de manera que queda patente que el objetivo de la educación no es enseñar al alumnado a que repita, sino a que sea capaz de crear e innovar, en un contexto que precisa de ciudadanos que sean capaces de colaborar en la construcción de un mundo mejor.

6.3.6. Aprender enseñando (*learning by teaching*)

El enfoque *learning by teaching* o aprender enseñando (Duran, 2016), supone la toma de control del proceso de enseñanza-aprendizaje por parte del alumnado. Esta técnica conlleva que el estudiante, individualmente o en grupo, se convierta en profesor, de manera que recae en él la responsabilidad de enseñar al resto de la clase. El profesorado, por su parte, escucha y toma notas para organizar la retroalimentación correspondiente. Esta técnica despliega múltiples beneficios:

- fomenta la autonomía, la autorregulación y el aprendizaje colaborativo,
- coadyuva a la adquisición de estrategias receptivas (lectura de artículos y visionado de vídeos),
- mejora las estrategias de tratamiento de la información (búsqueda, selección de contenido y procesamiento de la información)
- fomenta la adquisición de las habilidades comunicativas productivas (exposición oral y producción escrita)
- según la teoría del aprendizaje profundo, la implicación cognitiva del alumnado proporciona un aprendizaje más duradero,
- según la pirámide del aprendizaje (Figura 6.2), el índice de retención tras 24 horas, cuando la actividad realizada es enseñar a otros es del 90%, lo que supone una ventaja considerable sobre otras actividades menos activas como escuchar (5%) o leer (10%)

Figura 6.2. Pirámide del aprendizaje de Cody Blair
Fuente: Elaboración propia a partir de la pirámide del aprendizaje de Cody Blair

6.3.7. La teoría del aprendizaje profundo

La teoría del aprendizaje profundo enmarca las propuestas metodológicas anteriores. El aprendizaje es profundo (*deep learning*) (Biggs & Tang, 2011) cuando queda integrado en el conjunto de recursos con los que cuenta una persona para resolver un determinado problema y que puede movilizar a largo plazo. Por lo tanto, el aprendizaje profundo es un aprendizaje duradero y de calidad.

Una enseñanza enfocada en promover el aprendizaje profundo fomenta la motivación intrínseca y desarrolla el espíritu crítico, el análisis y la metacognición. Si relacionamos la teoría del aprendizaje profundo con la taxonomía de Bloom, las habilidades cognitivas que corresponden a este tipo de aprendizaje serían las que se encuentran en la cúspide de la taxonomía, es decir, las estrategias cognitivas de orden superior: analizar, evaluar y crear.

En contraposición, el aprendizaje superficial se orienta a la reproducción, repetición e imitación no creativa y se puede asociar a las estrategias cognitivas de orden inferior: recordar, comprender y aplicar. Este tipo de aprendizaje no es tan duradero y sirve para resolver una tarea en un momento concreto, pero después, no se integra de manera efectiva.

Además de estos dos tipos de aprendizaje, existe el llamado aprendizaje estratégico. Este tipo de aprendizaje consiste en la selección y movilización de las estrategias más eficaces para conseguir el máximo desempeño en las pruebas académicas. Las teorías y enfoques ligadas al AICLE y enumeradas en los apartados anteriores, tienen en común que persiguen la adquisición de un aprendizaje profundo, significativo y durable.

Referencias

Anderson, J.R., Reder, L.M, & Simon, H.A. (1996). Situated learning and education. *Educational researcher, 25*(4), 5-11 DOI 10.2307/1176775

Ball, Ph. (2014). CLIL and Competences: Assessment. En *CLIL Policy and Practice: Competence-based education for employability, mobility and growth* (pp 76-80). British Council.

Banse, H. W., Palacios, N.A; Merritt, E.G, &Rimm-Kaufman, S. E. (2017). Scaffolding English language learners' mathematical talk in the context of calendar math. *Journal of Educational Research, 110*(2), 199–208. doi:10.1080/00220671.2015.1075187.

Biggs, J. y Tang, C. (2011). *Teaching for Quality Learning at University*. Open University Press.

Cenoz, J., Genesee, F., & Gorter, D. (2013). Critical analysis of CLIL: Taking stock and looking forward. *Applied Linguistics, 35*(3), 243–262. https://doi.org/10.1093/applin/amt011

Consejo de la Unión Europea. (2018b). Recomendación del Consejo, de 22 de mayo de 2018, relativa a las competencias clave para el aprendizaje permanente. Diario Oficial de la Unión Europea, 22

Coyle D. (2007). Towards a connected research agenda for CLIL pedagogies. *International Journal of Bilingual Education and Bilingualism, 10*, 543-562.

Coyle, D. (2011). Post-method pedagogies: using a second or other language as a learning tool in CLIL settings. In Y. Ruiz de Zarobe, J. Sierra & F. Gallardo del Puerto (Eds.), *Content and Foreign Language Integrated Learning* (pp. 49-74). Peter Lang.

Coyle, D., Hood, P., & Marsh, D. (2010). *CLIL – Content and language integrated learning*. Cambridge University Press.

Cummins, J. (1984). *Bilingualism and Special Education: Issues in Assessment and Pedagogy*. Multilingual Matters.

Dale, L., & Tanner, R. (2012). *CLIL Activities. A resource for subject and language teachers*. Cambridge University Press.

Dalton-Puffer, C., & Smit, U. (2007). Introduction. En C. Dalton-Puffer, & U. Smit, (Eds.), *Empirical Perspectives on CLIL Classroom Discourse*. Peter Lang.

Dalton-Puffer, C., Nikula, T., & Smit, U. (2010). Charting policies, premises and research on Content and Language Integrated Learning. In Ch. Dalton-Puffer, T. Nikula & U. Smit (Eds.), *Language use and language learning in CLIL Classrooms* (pp. 1-22). John Benjamin Publishing.

Dalton-Puffer, C., Llinares, A., Lorenzo, F., & Nikula, T. (2014). "You can stand under my umbrella": Immersion, CLIL and bilingual education. A response to Cenoz, Genesee & Gorter (2013). *Applied Linguistics, 35*(2), 213–218.

Dodge, B. (2001). Focus: Five rules for writing a great web quest. *Learning & Leading with Technology, 28*(8), 7-59.

Duran, D. (2016). Learning-by-teaching. Evidence and Implications as a Pedagogical Mechanism. *Innovations in Education and Teaching International, 54*(5), 476-484. doi: 10.1080/14703297.2016.1156011

Escamilla, A. (2008). *Las competencias básicas: claves y propuestas para su desarrollo en los centros.* Graó.

García-Calvo Rojo, S., & Nieto Moreno de Diezmas, E. (2022). Educación Física Bilingüe-AICLE a través de la enseñanza comprensiva de los juegos: análisis comparativo de la satisfacción intrínseca por edad y género. *Retos, 46,* 458–466. https://doi.org/10.47197/retos.v46.91685

Grossman, P. (2015). *Protocol for Language Arts Teaching Observations (PLATO 5.0).* Center to Support Excellence in Teaching (CSET). Palo Alto: Stanford University.

Halbach A. (2009). The primary school teacher and the challenges of bilingual education. In E. Dafouz & M.C. Guerrini (Eds.), *CLIL across educational levels* (pp. 19-26). Richmond Publishing.

Kolb, D.A. (1984). *Experiential learning: Experience as the source of learning and development.* Englewood Cliffs, Prentice Hall, New Jersey.

Lasagabaster, D. & Sierra, J. M. (2009). Immersion and CLIL in English: More differences than similarities. *ELT Journal, 63*(4), 67-375. DOI:10.1093/elt/ccp082.

Maldonado, M. (2008). Aprendizaje basado en proyectos colaborativos. Una experiencia en la educación superior. *Revista de Educación, 14*(28), 158-180.

Maillat D. (2010). The pragmatics of L2 in CLIL. En C. Dalton-Puffer, T. Nikula, & U. Smit (Eds.), Language use and language learning in CLIL (pp. 39-60). John Benjamins.

Marsh, D. (Ed.). (2002). *CLIL/EMILE the European dimension.* University of Jyväskyla.

Marsh, D., & Langé, G. (2000). *Using languages to learn and learning to use languages.* University of Jyväskylä.

Massler, U. Stotz, D., & Queisser, C. (2014). Assessment instruments for primary CLIL: The conceptualisation and evaluation of test tasks. *The Language Learning Journal, 42,* 137–150. https://doi.org/10.1080/09571736.2014.891371

McNeil, L. (2011). Using talk to scaffold referential questions for English language learners. *Teaching and Teacher Education, 28*(3). doi:10.1016/j.tate.2011.11.005.

Mehisto, P., Marsh, D., & Frigols, M. J. (2008). *Uncovering CLIL: Content and language integrated learning in bilingual and multilingual education.* Macmillan Education.

Met, M. (1998). Curriculum decision-making in content-based language teaching. En J. Cenoz & F. Genesee (Eds.), *Beyond bilingualism: Multilingualism and multilingual education* (pp. 35–63). Multilingual Matters.

Nieto Moreno de Diezmas, E. (2018). The acquisition of L2 listening Comprehension skills in primary and secondary education settings: a comparison between CLIL and non-CLIL student performance. *RLA. Revista de Lingüística Teórica y Aplicada, 56*(2), 13-34.

Nieto Moreno de Diezmas, E., & Gómez Muñoz, A.B. (2021). Desarrollo de habilidades cognitivas en el aula bilingüe de Natural Science mediante el uso de actividades plásticas. En P. Salido y R. Irisarri (Eds.), *Reflexiones multidisciplinares para el tratamiento de la competencia artística y la formación cultural* (pp. 197-206). Ediciones de la Universidad de Castilla-La Mancha.

Nieto Moreno de Diezmas, E., & Custodio, M. (2022). *Multilingual Education under Scrutiny.* Peter Lang Verlag.

Pavesi, M. Bertoccchi, D. Hofamannova M., & Kazianka, M. (2001). *CLIL Guidelines for Teachers.* TIE CLIL.

Pawan, F. (2008). Content-area teachers and scaffolded instruction for English language learners. *Teaching and Teacher Education 24*(6), 1450–62. doi:10.1016/j.tate.2008.02.003.

Rychen, D. S., & Salganik L. H. (Eds.). (2004). *Definir y seleccionar las competencias fundamentales para la vida.* Fondo de Cultura Económica.

Ting, Y. L. T. (2010). CLIL appeals to how the brain likes its information: examples from CLIL-(Neuro) Science. *International CLIL Research Journal, 1,* 1-18.

Vygotsky, L. S. (1978). *Mind in society: The development of higher psychological processes.* Harvard University Press.

Walqui, A. (2006). Scaffolding instruction for English language learners: a conceptual framework. *International Journal of Bilingual Education and Bilingualism 9*(2), 159–80.

Capítulo 7. Resultados de aprendizaje en la educación bilingüe: discurso social y discurso académico

En este capítulo, se contrasta el discurso mediático acerca de la educación bilingüe con los resultados de investigaciones empíricas, que muestran evidencias científicas, y no meras suposiciones acerca de la eficacia y resultados de aprendizaje del enfoque. Se pretende que estas líneas contribuyan a pasar del discurso social del "creo o no creo en el bilingüismo"-que convierte un tema educativo en una cuestión de fe- a un análisis del estado de la cuestión desde un punto de vista académico y científico. Se abordarán con detalle las cuestiones más relevantes sobre el AICLE: su eficacia para el aprendizaje de la lengua meta; la adquisición de contenidos vehiculados en la lengua extranjera, la preservación de la lengua materna y los mecanismos de transferencia entre lenguas. Los resultados indican que la educación bilingüe, aún no estando exenta de áreas de mejora, es un enfoque que proporciona un aprendizaje efectivo de idiomas, en un marco de garantía de asimilación de conocimientos y de desarrollo armónico de la lengua materna.

7.1. Discurso mediático sobre la educación bilingüe

En los últimos años, se han venido publicando en prensa una serie de artículos y reportajes que cuestionan la eficacia de la enseñanza bilingüe. El 3 de julio 2021, el artículo de El País titulado "Colegios públicos que abandonan el bilingüismo: Es un engaño, los niños ni aprenden inglés ni las materias", constituyó el inicio de una serie de publicaciones que darán voz a la "supuesta" noticia del "supuesto" abandono del modelo bilingüe por parte de más 80 centros educativos en Castilla-La Mancha. Unos meses después, la "noticia" se publica en El Español, el 26 de septiembre de 2021 con el siguiente titular: "Los 90 coles públicos que abandonan el bilingüismo: Los alumnos no piensan; solo memorizan" y la "noticia" parece seguir de actualidad cinco meses después con su publicación en Eldiario.es, el 4 de febrero de 2022: "Más de 80 centros educativos de Castilla-La Mancha abandonan sus proyectos bilingües" (Figura 7.1)

Se trata, como se decía anteriormente de una "supuesta" noticia de un "supuesto abandono". Efectivamente, más de 80 centros educativos en Castilla-La Mancha, que estaban desarrollando programas lingüísticos, dejaron de cumplir los requisitos que imponía la nueva normativa sobre proyectos bilingües y

 BILINGÜISMO

Colegios públicos que abandonan el bilingüismo: "Es un engaño, los niños ni aprenden inglés ni las materias"

ANA TORRES MENÁRGUEZ | Madrid | 03-07-2021 - 05:30 CEST

Casi 50 centros de primaria y secundaria de tres autonomías salen del programa y vuelven a dar las asignaturas en español por los problemas de aprendizaje de los alumnos

Los 90 coles públicos que abandonan el bilingüismo: "Los alumnos no piensan; sólo memorizan"

Los centros, en Castilla-La Mancha, Castilla y León y Navarra, han decidido salir del programa porque está "mal planteado" y el alumno "aprende menos".

OelDiario.es

Castilla-La Mancha

Más de 80 centros educativos de Castilla-La Mancha abandonan sus proyectos bilingües

Figura 7.1. Titulares críticos con la educación bilingüe (2021-2022)
Fuente: Elaboración propia a partir de los titulares en prensa (ver referencias)

plurilingües, mediante el Decreto 47/2017, de 25 de julio y la Orden 27/2018, de 8 de febrero. La Resolución de 02/03/2018 estableció el procedimiento para la adaptación de los programas lingüísticos a los nuevos proyectos bilingües, pero más de 80 centros, la mayoría procedentes de programas lingüísticos de iniciación (es decir, que estaban impartiendo una sola asignatura en inglés) no pudieron adaptarse al nuevo requisito de impartir en lengua extranjera al menos el 25% del currículo en primaria y el 30% en secundaria, lo que hubiera conllevado ofertar más asignaturas en L2 y hubiera precisado de profesorado -del que no disponían- con la capacidad, voluntad y formación para ello. Esta situación supuso que, en septiembre de 2018, los centros que no pudieron mantener o ampliar su oferta de asignaturas bilingües para cubrir los porcentajes del 25 (primaria) o 30% (secundaria) tuvieran que solicitar la baja del programa.

El hecho de que esta situación apareciera en prensa tres años después, en 2021, es lo que lleva a considerar que no se trata, en puridad, de una "noticia" debido a que el componente de "hecho reciente" no concurre en este caso. Por otro lado, tampoco se trata de un "abandono" real, porque los centros tuvieron que causar baja cuando la normativa les exigió aumentar el porcentaje de asignaturas bilingües y no pudieron cumplir el requisito. La salida del proyecto no se motivó porque se iniciara un debate interno sobre la eficacia del modelo que diera lugar a que profesorado, familias y alumnado solicitaran el abandono del programa, tal y como, de manera oportunista, pretenden transmitir las noticias y reportajes que se han publicado sobre el tema.

La problematización del bilingüismo se ha convertido, especialmente con la intervención mediática, en casi una moda. En el discurso social, la controversia se traduce en expresiones como "creo/no creo en el bilingüismo", haciendo de un tema educativo, una cuestión de fe. A pesar de que es necesario realizar más evaluaciones de los programas bilingües, contamos en la actualidad con un nutrido corpus de estudios a los que recurrir para poder elaborar una opinión informada y basada en la investigación científica, que permita abandonar el camino de las creencias, suposiciones y críticas tendenciosas no fundadas en la ciencia.

7.2. El dominio de la lengua meta como principal objetivo de la enseñanza bilingüe

Desde los inicios de la enseñanza bilingüe AICLE, la investigación se consagró a profundizar sobre los resultados de esta innovación educativa. *CLIL in Spain: Implementation, results and teacher training*, editado por Lasagabaster y Ruiz de Zarobe en 2010, constituyó un libro pionero para la investigación del AICLE en España, que contó con Do Coyle para la elaboración de un prefacio en el que considera a España como líder en su implantación e investigación (Coyle, 2010).

La mayoría de las primeras investigaciones sobre la enseñanza bilingüe se focalizaron en la adquisición de la lengua segunda empleada en la instrucción, debido a dos razones fundamentales. En primer lugar, y como se ha visto en los capítulos anteriores, el término AICLE fue acuñado y su implementación promovida, como estrategia para mejorar el aprendizaje de idiomas y el desarrollo de la competencia multilingüe en los ciudadanos de los países miembros de la UE, por lo que es lógico que la investigación se dedicara a comprobar si el enfoque era efectivo o no para cumplir con su objetivo principal. En segundo lugar, y en conexión con lo expuesto anteriormente, como señalan Merino y Lasagabaster (2018), la mayor parte de los investigadores que han mostrado interés sobre el AICLE proceden de la lingüística aplicada y, por tanto, sus estudios se han orientado al aprendizaje de lenguas.

El interés de las primeras investigaciones sobre la eficacia del AICLE se centró en determinar si los potenciales avances lingüísticos del alumnado podían atribuirse al enfoque integrado en sí y no únicamente a la mayor exposición a la lengua meta que proporcionan estos programas, dado que amplían las posibilidades de *input* y *output* a través de las asignaturas de contenido vehiculadas en dicha lengua, en comparación con las enseñanzas ordinarias en las que solo se recibe por medio de la asignatura de lengua extranjera. La hipótesis de la que partían estos estudios era que AICLE proporcionaba unos entornos de aprendizaje más naturales que las clases tradicionales de lenguas extranjeras, ya que privilegiaban la interacción y la fluidez sobre la corrección, dotaban al alumnado de objetivos de comunicación auténticos y la lengua se aprendía mientras se usaba para aprender.

Para comprobar esta hipótesis, los investigadores decidieron comparar a los grupos de estudiantes que habían recibido horas de exposición extra mediante AICLE con grupos de estudiantes que hubieran recibido el mismo horas de exposición, pero a través de la asignatura de lengua extranjera. Para igualar el número de horas, en estos estudios, se tuvo que comparar al alumnado AICLE con alumnado no-AICLE que se encontraba en cursos superiores. De esta forma, los investigadores podían garantizar que ambos grupos habían recibido un número similar de horas en la L2, aunque el grupo de control lo había hecho únicamente a través de la asignatura de lengua extranjera, y el grupo AICLE, a través de la asignatura de lengua extranjera y de las asignaturas de contenido impartidas en la lengua meta. Los estudios realizados según esta metodología de investigación por Lasagabaster (2008), Ruiz de Zarobe (2008) y Navés (2011) determinaron que los estudiantes AICLE habían adquirido competencias en la L2 que igualaban o superaban a sus compañeros no bilingües que se encontraban escolarizados uno, dos y hasta tres cursos por delante, validándose así la eficacia del enfoque, especialmente en las habilidades productivas y sobre todo, en la producción oral, precisamente, el área en la que las enseñanzas tradicionales de lenguas extranjeras revelaban sus mayores deficiencias.

Efectivamente, los mayores beneficios del AICLE se han venido registrando en la producción oral a lo largo de más de 10 años de investigación. Además de los trabajos de Lasagabaster (2008) y Ruiz de Zarobe (2008), Villarreal Olaizola y García Mayo (2009) observaron beneficios en la corrección oral, concretamente, en la menor omisión de morfemas y la menor frecuencia de errores. En educación primaria, Nieto Moreno de Diezmas (2016) detectó diferencias significativas en todas las dimensiones de la expresión oral evaluadas: vocabulario, fluidez, ritmo, pronunciación y entonación. Pérez-Cañado y Lancaster (2017), en educación secundaria, también observaron una superioridad significativa del alumnado AICLE en la competencia oral y, especialmente, en gramática, vocabulario, cumplimiento de tareas y fluidez, y las diferencias se mantuvieron seis meses después de que el alumnado pasara a enseñanzas no bilingües de bachillerato. El avance significativo en la producción oral a favor del alumnado bilingüe de secundaria vuelve a corroborarse en un estudio censal (Nieto Moreno de Diezmas, 2018a). Uno de los pocos estudios que no detectó diferencias significativas en la producción oral del alumnado bilingüe es el realizado en las Islas Baleares por Rallo Fabra y Jacob (2015), hallazgo que viene a confirmar que es necesario proporcionar una exposición más intensa en lo que respecta a porcentaje del currículo impartido en la lengua meta para que puedan observarse resultados positivos (Nieto Moreno de Diezmas, 2021).

Desde el mundo académico también se han registrado algunas críticas sobre la educación bilingüe por parte de autores como Bruton (2011, 2013, 2015, 2019) y Paran (2013), quienes cuestionan aspectos como la validez de las investigaciones realizadas sobre el AICLE, su eficacia y adecuación, y además, acusan de elitistas a estos programas. Pérez Cañado (2020) disipa enérgicamente las dudas sembradas por Bruton, y señala que "lamentablemente, sus argumentos no están fundados en ninguna investigación que él mismo haya llevado a cabo, no se basan en la evidencia empírica más reciente y se limitan a reinterpretar estudios realizados hace más de una década o con falta de robustez empírica" (2020, p. 1).

El trabajo de Pérez Cañado (2018a) viene prácticamente a zanjar las dudas sobre la efectividad de la educación bilingüe, tanto por la solidez de la metodología empleada como por los resultados obtenidos. Una de las críticas a los estudios realizados era que no se estaban comparando grupos iguales, es decir, que el alumnado bilingüe estaba más motivado y dotado para el aprendizaje de lenguas que el no bilingüe, como mostraba el hecho de que hubieran elegido esas enseñanzas. Para evitar este problema, Pérez Cañado (2018a) garantizó la homogeneidad entre los grupos mediante un pre-test de nivel de inglés, inteligencia verbal y motivación. Además, evaluó la evolución inter e intragrupal mediante un post-test y un post-test diferido, y realizó análisis discriminantes para determinar el impacto de las diversas variables intervinientes, incluyendo la exposición fuera de la escuela, el tipo de centro y el nivel socioeconómico. También es necesario reseñar, que empleó una muestra de más de 1000 participantes. Los resultados de este estudio son también robustos y se enumeran seguidamente:

a) Existen diferencias significativas en todas las destrezas comunicativas a favor del grupo bilingüe que son perceptibles ya en educación primaria y se amplían en educación secundaria.
b) Los análisis discriminantes indicaron que las diferencias eran debidas a la enseñanza bilingüe, ya que se explicaban estadísticamente mejor que por medio de otras variables contempladas como la inteligencia verbal, la exposición fuera de la escuela, la motivación, el tipo de centro (privado, público, concertado) o el nivel socioeconómico.
c) Las diferencias a favor del alumnado bilingüe no se debían al estatus socioeconómico, de modo que se rechazan las acusaciones de elitismo.
d) Las diferencias del grupo bilingüe continuaban estables o incluso aumentaban seis meses después.

7.3. La asimilación de contenidos en los programas bilingües.

En el contexto europeo, los estudios realizados no encuentran diferencias en el aprendizaje de contenidos cuando se vehiculan en la lengua materna y en una segunda lengua. En Finlandia, por ejemplo, Jäppinen (2005) no detectó diferencias en la adquisición de matemáticas y ciencias en la educación secundaria y Bergroth (2006) observó que los resultados en las pruebas de lengua y contenido de acceso a la universidad eran similares en los estudiantes bilingües y no bilingües. En Chipre, Xanthou (2011) no halló impacto negativo en la adquisición de las ciencias en el alumnado de primaria y en Bélgica Surmont et al., 2016 encuentra incluso mayor progresión en matemáticas del alumnado bilingüe en el primer año de secundaria.

En el contexto español, Madrid (2011) estudió el rendimiento en ciencias sociales en Andalucía y comprobó que el alumnado de primaria en programas bilingües superaba al resto. Nieto Moreno de Diezmas y Hill (2019), por su parte, no encuentran diferencias significativas en la adquisición de las ciencias sociales entre el alumnado bilingüe y no bilingüe de educación primaria en Castilla-La Mancha. Estos estudios contrastan con otros dos que sí que encuentran desventajas en la adquisición de las ciencias del alumnado bilingüe de primaria. Se trata de la investigación de Anghel et al. (2016) contextualizada en Madrid y la de Fernández-Sanjurjo et al. (2017), en Asturias, que registran diferencias a favor del alumnado no bilingüe.

Pérez Cañado (2018b), con su investigación acerca de la adquisición de contenidos viene de nuevo a realizar una aportación significativa, y casi definitiva, a este ámbito del conocimiento. Trabaja con una muestra muy superior a las empleadas en estudios anteriores (2024 participantes) recogida en doce provincias españolas. Además, se garantiza la homogeneidad de las muestras, ya que el alumnado bilingüe y no bilingüe fue emparejado según su inteligencia verbal, motivación y nivel de inglés. Los resultados de este estudio mostraron que no existían diferencias en los conocimientos de ciencias naturales entre el alumnado bilingüe y no bilingüe de primaria y que, al finalizar la educación secundaria obligatoria, el alumnado bilingüe incluso superaba significativamente al no bilingüe, mostrando, no solo que la enseñanza bilingüe garantiza la adquisición de contenidos, sino que incluso proporciona niveles más altos de desempeño que las enseñanzas ordinarias.

En el mismo año, el estudio longitudinal de San Isidro y Lasagabaster (2018) realizado en Galicia, coincide en señalar efectos positivos en secundaria, ya que el alumnado bilingüe progresaba en ciencias más rápidamente que el alumnado no bilingüe y dos años después de ingresar en el programa consiguieron mostrar más conocimientos que sus compañeros en programas ordinarios. Hughes y Madrid (2020), por su parte, no encuentran diferencias tan favorables a favor del grupo bilingüe de secundaria, pero sí que constatan que la enseñanza bilingüe garantiza unas adquisiciones similares de las ciencias.

Aunque la mayoría de los estudios centran su interés en las ciencias y las matemáticas, en los últimos años, se están desarrollando estudios referidos a otras áreas de conocimiento y, en especial, a la educación física. Entre ellos, destaca la investigación de Salvador-García et al. (2022), que ha estudiado el efecto de la enseñanza bilingüe en la presencia de la actividad física moderada-vigorosa, uno de los objetivos fundamentales de la asignatura de educación física. A través de un enfoque metodológico mixto, basado en un diseño explicativo secuencial, la investigación determina que AICLE parece influir positivamente en los niveles de actividad física moderada-vigorosa. Los autores explican este hallazgo en conexión con el uso de determinadas estrategias didácticas comunicativas y con el mayor grado de atención docente prestada en el contexto bilingüe.

7.4. Transferencia de habilidades y estrategias entre primera y segunda lengua y viceversa

En lo que respecta al desarrollo de la lengua materna en entornos bilingües, las teorías enunciadas en el contexto de la inmersión canadiense acerca de la interdependencia de las lenguas y la transferencia de habilidades entre lenguas parecen corroborarse en los resultados de las investigaciones llevadas a cabo en Europa. Según estas teorías, la interdependencia y transferencia lingüística tienen lugar debido a la existencia de una competencia subyacente común (common underlying proficiency, CUP), que afecta positivamente al desarrollo de todo el repertorio lingüístico del individuo.

En Bélgica, De Samblanc (2006), Lecocq et al. (2004) y Van-de-Craen et al., (2007) encuentran diferencias a favor del alumnado bilingüe en la adquisición de la L1 (francés), a pesar de que entre el 50 y el 75% del plan de estudios se impartió en neerlandés. En Holanda, Admiraal et al. (2006) comprobaron que, en la prueba de acceso a la universidad realizada en la L1, el alumnado que estudió el 50% de su plan de estudios en inglés obtuvo resultados parecidos a los de quienes habían estudiado íntegramente en su L1. En esa misma prueba, en Finlandia, Bergroth (2006) observó también que los estudiantes en programas bilingües se desempeñaban en su L1 igual o incluso mejor que el resto del alumnado. Merisuo-Storm (2006), por su parte, se interesó por la adquisición de la lectoescritura en la L1 de alumnado en 1º y 2º de primaria. Extrajo dos conclusiones principales: la primera, que la enseñanza bilingüe y el contacto con varias lenguas no solo no fue perjudicial, sino beneficioso para la adquisición de la lectoescritura, debido a la activación cognitiva y a la mayor atención a la discriminación fonológica del alumnado bilingüe. El segundo hallazgo fue que el alumnado con niveles iniciales muy bajos o excelentes progresó de manera similar, independientemente de que estuvieran en programas bilingües u ordinarios. A esa misma conclusión llega también Seikkula-Leino (2007), al comprobar que el alumnado de 5º y 6º curso de primaria progresa en la L1 en función de sus capacidades cognitivas y que no afectaba el hecho de que estuvieran en programas bilingües (con entre el 40 y el 70% del currículo en inglés) o no bilingües.

En España, los resultados son también favorables en lo que respecta al desarrollo de la L1, con algunas peculiaridades. En primer lugar, es necesario tener en cuenta que, en las comunidades autónomas bilingües, existen ya dos lenguas cooficiales que preservar, el castellano y el vasco, catalán o gallego, dependiendo de la comunidad autónoma. En este sentido, Merino y Lasagabaster (2018), en su estudio (n=285) demostraron que el nivel de lectura y escritura en euskera y de lectura en castellano no se veía perjudicado por la implementación de una asignatura de contenido en inglés (3-4 horas), y, además, el grupo bilingüe superó al no bilingüe en la producción escrita en castellano. En Galicia, los resultados son todavía mejores para la adquisición de la comprensión y la producción escrita en castellano y gallego, a pesar de que la introducción de asignaturas en inglés supuso una reducción del horario escolar dedicado a la instrucción en estas lenguas (San Isidro & Lasagabaster, 2018). Los autores atribuyeron los buenos resultados a la implementación de una metodología holística, global y multilingüe como proyecto lingüístico de centro, basado en la interdependencia entre lenguas y en el trabajo común en los tres idiomas.

En las comunidades autónomas monolingües, se demuestra que la educación bilingüe no interfiere en la adquisición de la lengua materna y de registrarse algún efecto, es positivo. En lo que respecta a la comprensión lectora, el estudio de Nieto Moreno de Diezmas (2017), desarrollado en cinco provincias del centro de España, muestra un nivel de comprensión lectora crítica similar en estudiantes bilingües y no bilingües en educación secundaria, mientras que el alumnado bilingüe supera significativamente al resto en los niveles de comprensión lectora literal e inferencial. En educación primaria (Nieto Moreno de Diezmas, 2018b), los resultados no son tan favorables, ya que, aunque no se observaron diferencias entre los alumnos bilingües y no bilingües en comprensión lectora literal e inferencial en su lengua materna, sí que puntúaron significativamente más bajo en el nivel de lectura crítica. Estos resultados pueden interpretarse como un proceso de evolución entre primaria y secundaria, y pudieran derivarse de una mayor preocupación del profesorado por formar al alumnado en los niveles de lectura literal e inferencial, para prepararlos para la comprensión académica. De ello se deduce, que la instrucción en la comprensión crítica de textos puede identificarse como un área de mejora de la educación bilingüe durante la etapa de educación primaria.

Pérez-Cañado (2018b), por su parte, evaluó diversos aspectos relacionados con el currículum de la asignatura de lengua castellana y literatura, mediante actividades que incluyeron preguntas de comprensión oral, redacción de resúmenes, ejercicios de ortografía, formación de palabras, sinónimos y antónimos, comprensión lectora, identificación de géneros literarios, comprensión del lenguaje literario y composición escrita. La muestra, de 2024 estudiantes fue recogida en doce provincias de tres Comunidades Autónomas: Extremadura, Andalucía y Canarias y se garantizó la homogeneidad entre los grupos bilingües y no bilingües según motivación, inteligencia verbal y nivel de inglés, además de considerarse las siguientes variables intervinientes: entorno rural/urbano, el tipo de escuela (privada/pública/concertada) y el nivel socioeconómico. Los resultados mostraron mejores resultados del grupo bilingüe en educación primaria, y con un margen de diferencia todavía mayor también en educación secundaria. Del análisis de datos se derivan, además, dos interesantes hallazgos: las enseñanzas bilingües parecen nivelar las diferencias observadas en los programas ordinarios entre entornos rurales y urbanos (a favor de estos), pero el bajo nivel sociocultural afecta negativamente a los resultados tantos en la educación bilingüe como no bilingüe.

En cuanto a la producción escrita, no se observaron diferencias significativas en la educación primaria en el estudio de Nieto Moreno de Diezmas (2020a), aunque el alumnado bilingüe puntuó significativamente más alto en riqueza expresiva y ortografía. Estos beneficios parecen consolidarse en la educación secundaria, en línea con los hallazgos de Pérez Cañado (2018b), etapa en la que se detectaron diferencias significativas a favor del grupo bilingüe en producción escrita (Nieto Moreno de Diezmas, 2020b).

Por último, el estudio de Navarro-Pablo y López Gándara (2020) muestra diferencias a favor del alumnado bilingüe de secundaria. Los datos cualitativos recogidos indican que, según el profesorado, la instrucción en una segunda lengua contribuye a que el alumnado desarrolle mayor conciencia lingüística y entienda de manera más profunda cómo funcionan los idiomas.

En general, como ya se enunció en el contexto de la inmersión canadiense, cuando la lengua materna se encuentra presente en el entorno social y mediático, su adquisición queda plenamente garantizada, aunque se reduzca su presencia escolar en favor de la instrucción a través de una lengua segunda. Incluso, el procesamiento de información en varias lenguas puede tener un efecto positivo para el desarrollo de la lengua materna y crear sinergias entre las dos lenguas debido al principio de interdependencia y transferencia.

Referencias

Admiraal, W., Westhoff, G., & de Bot, K. (2006). Evaluation of bilingual secondary education in The Netherlands: Students' language proficiency. *English Educational Research and Evaluation, 12*, 75–93. https://doi.org/10.1080/13803610500392160

Anghel, B., Cabrales, A., & Carro, J. M. (2016). Evaluating a bilingual education program in Spain: The impact beyond foreign language learning. *Economic Inquiry, 54*(2), 1202–1223. https://doi.org/10.1111/ecin.12305

Bergroth, M. (2006). Immersion students in the matriculation examination three years after immersion. Exploring dual-focussed education. In S. Björklund, K. Mard- Miettinen, M. Bergström & M. Södergard (Eds.), *Integrating language and content for individual and societal needs* (123-134). www.uwasa.fi/materiaali/pdf/isbn_952-476-149-1.pdf

Bruton, A. (2011). Is CLIL so beneficial, or just selective? Re-evaluating some of the research. *System, 39*(4), 523-532. https://doi.org/10.1016/j.system.2011.08.002

Bruton, A. (2013).) CLIL: Some of the reasons why... and why not. *System, 41*, 587–597.

Bruton, A. (2015). CLIL: Detail matters in the whole picture. More than a reply to J. Hüttner and U. Smit (2014). *System, 53*, 119–128. https://doi.org/10.1016/j.system.2015.07.005

Bruton, A. (2019). Questions about CLIL which are unfortunately still not outdated: A reply to Pérez-Cañado. *Applied Linguistics Review, 10*(4), 591–602. https://doi.org/10.1515/applirev-2017-0059

Coyle, D. (2010). Foreword. En Lasagabaster, D., & Ruiz de Zarobe, Y. (Eds.), *CLIL in Spain: Implementation, results and teacher training*. Cambridge Scholars Publishing.

Coyle, D., Hood, P. & Marsh, D. (2010). *CLIL: Content and Language Integrated Learning*. Cambridge: CUP.

De Samblanc, G. (2006). *De immersiescholen in de Franse Gemeenschap. Lezing gehou den op de studiedag Meertaligheid en basisonderwijs*. Ministerie van onderwijs

Fernández-Sanjurjo, J., Fernández-Costales, A., & Arias Blanco, J. M. (2017). Analysing students' content-learning in science in CLIL vs. non-CLIL programmes: Empirical evidence from Spain. *International Journal of Bilingual Education and Bilingualism*. http://dx.doi.org/10.1080/1367005 0.2017.1294142.

Hughes S.P., & Madrid, D. (2020). The effects of CLIL on content knowledge in monolingual contexts. *The Language Learning Journal, 48*(1), 48-59, DOI: 10.1080/09571736.2019.1671483

Jäppinen, A. K. (2005). Thinking and content learning of mathematics and science as cognitional development in content and language integrated learning (CLIL): Teaching through a foreign language in Finland. *Language and Education, 19*(2), 147–168. https://doi.org/10.1080/09500780508668671

Lasagabaster, D. (2008). Foreign language competence in content and language integrated learning. *Open Applied Linguistics Journal, 1*, 31–42. https://doi.org/10.2174/1874913500801010030

Lasagabaster, D. y Sierra, J. M. 2009. Language attitudes in CLIL and Traditional EFL classes. *International CLIL Research Journal, 1*(2), 4-17.

Lasagabaster, D, & Ruiz de Zarobe, Y. (2010)(Eds.), *CLIL in Spain: Implementation, results and teacher training*. Cambridge Scholars Publishing.

Lecocq, K., Mousty, P., Kolinsky, R., Goetry, V., Morais, J., & Alegria, J. (2004). *Evaluation des programs d'immersion en communauté française: une étude longitudinale comparative du développement des compétences linguistiques d'enfants francophones immergés en néerlandais*. http://www.enseignement.be/index.php?page=26044&id_fiche=996&dummy=24855

Madrid, D. (2011). Monolingual and bilingual students' competence in social science. In D. Madrid, D. & S. Hughes (Eds.), *Studies in bilingual education* (pp. 195-222). Peter Lang.

Merino, J.A., & Lasagabaster, D. (2018). CLIL as a way to multilingualism. *International Journal of Bilingual Education and Bilingualism, 21*, 79–92 https://doi.org/10.1080/13670050.2015.1128386

Merisuo-Storm, T. (2006). Development of boys' and girls' literacy skills and learning attitudes in CLIL education. En S. Björklund, K. Mård-Miettinen, M. Bergström & M. Södergård (Eds.), *Exploring dual-focussed education: Integrating language and content for individual and societal needs* (pp. 176–88). Centre for Immersion

Navarro-P., M., & López Gándara, Y. (2020). The effects of CLIL on L1 competence development in monolingual contexts. *The Language Learning Journal, 48*(1), 18-35, https://doi.org/10.1080/09571736.2019.1656764

Navés, T. (2011). How promising are the results of integrating content and language for EFL writing and overall EFL proficiency? In Y. Ruiz de Zarobe, J. M. Sierra & F. Gallardo del Puerto (Eds.), *Content and foreign language integrated learning: Contributions to multilingualism in European contexts* (pp. 103–128). Peter Lang.

Nieto Moreno de Diezmas, E. (2016). The impact of CLIL on the acquisition of language competences and skills in L2 in primary education. *International Journal of English Studies, 16*(2), 81-102. https://doi.org/10.6018/ijes/2016/2/239611

Nieto Moreno de Diezmas, E. (2017). How does CLIL affect the acquisition of reading comprehension in the mother tongue? A comparative study in secondary education. *Investigaciones Sobre Lectura, 8*(8), 7–26. https://doi.org/10.37132/isl.v0i8.214

Nieto Moreno de Diezmas, E. (2018a). The acquisition of L2 listening Comprehension skills in primary and secondary education settings: a comparison between CLIL and non-CLIL student performance. *RLA. Revista de Lingüística Teórica y Aplicada, 56*(2), 13-34. http://dx.doi.org/10.4067/S0718-4883201800200013

Nieto Moreno de Diezmas, E. (2018b). Adquisición de la lectura en L1 en programas bilingües de Educación Primaria. Un estudio comparativo. *Ocnos. Revista de estudios sobre lectura, 17*, 43-54.

Nieto Moreno de Diezmas, E. (2020a). Literacy Development in L1 in Bilingual Education: Evidence From Research on CLIL in Primary School. In M. Gómez-Parra & C. Huertas Abril (Eds.), *Handbook of Research on Bilingual and Intercultural Education* (pp. 383-407). IGI Global. https://doi.org/10.4018/978-1-7998-2588-3.ch016

Nieto Moreno de Diezmas, E. (2020b). Mother tongue development in bilingual programs type CLIL in secondary school: A comparative study on written production. *RLA. Revista De Lingüística Teórica Y Aplicada, 58*(2), 117-136. https://doi.org/10.29393/RLA58-11MTEN10011

Nieto Moreno de Diezmas, E., & Hill, T.M. (2019). Social Science learning and gender-based differences in CLIL. A preliminary study. *Estudios de lingüística inglesa aplicada (ELIA), 19*, 177-204. http://dx.doi.org/10.12795/elia.2019.i19.08

Nieto Moreno de Diezmas, E. (2021). La educación bilingüe a examen: ¿Qué nos dicen los investigadores acerca de la eficacia del bilingüismo para el aprendizaje de lenguas extranjeras, competencias y contenidos? En E. Nieto Moreno de Diezmas (Ed.), *Mitos del aprendizaje de idiomas: Generando una opinión informada a través de la divulgación de investigaciones recientes* (pp.31-46). Editorial del Ministerio de Educación y Formación Profesional.

Paran, A. (2013). Content and language integrated learning: Panacea or policy borrowing myth? *Applied Linguistics Review* 4(2). 317–342. https://doi. org/10.1515/applirev-2013-0014

Pérez Cañado, M. L. (2018a). CLIL and educational level: A longitudinal study on the impact of CLIL on language outcomes. *Porta Linguarum, 29*, 51-70. https://doi.org/10.30827/digibug.54022

Pérez Cañado, M. L. (2018b). The effects of CLIL on L1 and content learning: Updated empirical evidence from monolingual contexts. *Learning and Instruction, 57*, 18–33. https://doi.org/10.1016/j.learninstruc.2017.12.002

Pérez Cañado, M. L. (2020). What's hot and what's not on the current CLIL research agenda: Weeding out the non-issues from the real issues. A response to Bruton (2019). *Applied Linguistics Review*. https://doi.org/10.1515/applirev-2020-0033

Pérez-Cañado, M. L., & Lancaster, N. (2017). The effects of CLIL on oral comprehension and production: A longitudinal case study. *Language, Culture, and Curriculum, 30*(3), 300-316. https://doi.org/10.1080/07908318.2017.1338717

Rallo Fabra, L., & Jacob, K. (2015). Does CLIL enhance oral skills? Fluency and pronunciation errors by Spanish-Catalan learners of English. En M. Juan-Garau, & J. Salazar Noguera (Eds.), *Content-based language learning in multilingual educational environments* (163-177). Springer. https://doi.org/10.1007/978-3-319-11496-5_10

Ruiz de Zarobe, Y. (2008). CLIL and foreign language learning: A longitudinal study in the Basque country. *International CLIL Research Journal, 1*(1), 60–73.

Salvador-García, C., Chiva-Bartoll, O., & Capella-Peris, C. (2022). Bilingual physical education: the effects of CLIL on physical activity levels. *International Journal of Bilingual Education and Bilingualism, 25*(1), 156-165. https://doi.org/10.1080/13670050.2019.1639131

San Isidro, X., & Lasagabaster, D. (2018). The impact of CLIL on pluriliteracy development and content learning in a rural multilingual setting: A longitudinal study. *Language Teaching Research*. https://doi. org/10.1177/ 1362168817754103

Seikkula-Leino, J. (2007). CLIL learning: Achievement levels and affective factors. *Language and Education, 21*(4), 328-341. https://doi.org/10.2167/le635.0

Surmont, J., Struys, E., Van Den Noort, M., & Van De Craen, P. (2016). The effects of CLIL on mathematical content learning: A longitudinal study. *Studies in Second Language Learning and Teaching, 6*(2), 319–337. https://doi.org/10.14746/ssllt.2016.6.2.7

Van-de-Craen, P., Mondt, K., Allain, L., & Gao, Y. (2007). Why and how CLIL works. An outline for a CLIL theory. *VIEWS Vienna English Working Papers, 18*(3), 70-7.

Villarreal O.I., & García Mayo, M.P. (2009). Tense and Agreement Morphology in theInterlanguage of Basque/Spanish Bilinguals: CLIL versus non-CLIL. En Y. Ruiz de Zarobe and R.-M. Jiménez Catalán (Eds.), *Content and Language Integrated Learning. Evidence from Research in Europe* (157-175). Multilingual Matters.

Xanthou, M. (2011). The impact of CLIL on L2 vocabulary development and content knowledge. *English Teaching: Practique and Critique, 10*(4), 116–126.

Artículos de prensa citados

https://www.eldiario.es/castilla-la-mancha/80-centros-educativos-castilla-mancha-abandonan-proyectos-bilingues_1_8718433.html

https://www.eldiario.es/castilla-la-mancha/80-centros-educativos-castilla-mancha-abandonan-proyectos-bilingues_1_8718433.html

https://elpais.com/educacion/2021-07-03/colegios-publicos-que-abandonan-el-bilinguismo-es-un-engano-los-ninos-ni-aprenden-ingles-ni-las-materias.html

Normativa citada

Decreto 47/2017, de 25 de julio, por el que se regula el plan integral de enseñanza de lenguas extranjeras de la comunidad autónoma de Castilla-La Mancha para etapas educativas no universitarias. [2017/9118]

Orden 27/2018, de 8 de febrero, de la Consejería de Educación, Cultura y Deportes, por la que se regulan los proyectos bilingües y plurilingües en las enseñanzas de segundo ciclo de Educación Infantil y Primaria, Secundaria, Bachillerato y Formación Profesional de los centros educativos sostenidos con fondos públicos de la comunidad autónoma de Castilla-La Mancha. [2018/1979]

Resolución de 02/03/2018, de la Consejería de Educación, Cultura y Deportes, por la que se establece el procedimiento para la autorización de nuevos proyectos bilingües y plurilingües y para la adaptación de los programas lingüísticos a los nuevos proyectos bilingües y plurilingües en centros educativos no universitarios sostenidos con fondos públicos de la comunidad autónoma de Castilla-La Mancha a partir del curso escolar 2018-2019. [2018/2933]

Capítulo 8. Remodelando el AICLE: resultados en la adquisición de competencias y atención a la diversidad

Este capítulo se dedica a explorar otros resultados del enfoque AICLE tales como la contribución al desarrollo de competencias transversales y aspectos relacionados con la atención a la diversidad, incluyendo las brechas debido al género, la ubicación rural y el nivel socioeconómico del alumnado. Así, con este capítulo, se pretende completar el panorama actual y global abordando las líneas principales de la investigación sobre la enseñanza bilingüe y estableciendo unas bases sólidas para la reflexión informada sobre este enfoque. A pesar de que es necesario mayor profundización sobre la adquisición de competencias transversales y competencias clave, en el primer epígrafe del capítulo se hace un recorrido que aborda las investigaciones realizadas en este campo, que parecen apuntar a que de la educación bilingüe y de la aplicación de los principios pedagógicos del AICLE derivan escenarios propicios a su desarrollo. Seguidamente, se examinará la atención a la diversidad, una preocupación educativa de primer orden, que atañe también a la educación bilingüe. En este contexto, es preciso combatir la toma de decisiones que no garanticen la inclusión y sean segregadoras. Por último, se abordarán las brechas de género, geográficas y socioculturales y socioeconómicas, cuya eliminación es uno de los caballos de batalla de la educación en general. En este caso, la enseñanza bilingüe no parece incidir de manera más negativa que las enseñanzas ordinarias en estos aspectos, e incluso parece desplegar potencial para reducirlas. Este es un interesante campo de investigación que precisa de mayor atención.

8.1. Competencias transversales, digitales, cognitivas y afectivas.

El escenario de aprendizaje que proporciona el AICLE, caracterizado por una mayor conciencia docente de la integración de lengua y contenidos, parece constituir un entorno abierto a la integración de competencias clave y transversales, tal y como se establecía mediante el marco ComCLIL (*competence-based CLIL framework*) (cf. capítulo 6).

La necesidad de establecer vínculos entre la enseñanza basada en competencias y el aprendizaje integrado de contenidos y lenguas (AICLE) para promover el desarrollo de competencias transversales en AICLE fue abordada en el taller de políticas (*policy workshop*) celebrado en Como (Italia), en 2014, con el título "Política y práctica AICLE: Educación basada en competencias para la empleabilidad, la movilidad y el crecimiento" (British Council y Ministerios de Educación Europeos). El informe resultante (British Council, 2014) supuso un hito para la integración de un enfoque basado en competencias en entornos AICLE y contiene reflexiones que ponen de manifiesto las conexiones existentes entre este enfoque y la adquisición de competencias. Así Clegg (2014) subraya que AICLE destaca por su naturaleza transversal y "enseña explícitamente algunas competencias transversales", ya que se apoya en una fundamentación pedagógica "que eleva algunas competencias a la superficie del discurso del aula" (Clegg 2014, p. 84). Además, el AICLE y la enseñanza basada en competencias tienen en común que ambos enfoques "tienden hacia una visión de la educación más orientada al proceso, un enfoque más práctico" (Ball 2014, p. 76), y comparten el carácter finalista hacia la realización personal, la inclusión social y la empleabilidad que se encuentra "precisamente, en el corazón de lo que llamamos AICLE (Mittendorfer, 2014, p. 96) y, por lo tanto, frente a las metodologías tradicionales, "CLIL está bien situado para desarrollar muchas de ellas (*muchas competencias)*" (Clegg 2014, p. 83).

A pesar de que se precisa de más estudios sobre la adquisición de competencias clave y transversales en AICLE, contamos con algunas evidencias sobre la integración de competencias digitales, la competencia de aprender a aprender y la competencia emocional.

8.1.1. AICLE y la adquisición de competencias digitales

El desarrollo de competencias digitales por parte del alumnado bilingüe de educación primaria y secundaria ha sido estudiado en dos investigaciones (Nieto Moreno de Diezmas, 2018; Nieto Moreno de Diezmas, 2021), y en ambas, los estudiantes bilingües superan significativamente a los compañeros matriculados en enseñanzas ordinarias en las dos dimensiones de la competencia evaluadas: a) comunicar y participar en redes colaborativas y b) buscar, seleccionar y procesar información digital.

Los hallazgos, que muestran una integración de las competencias digitales significativamente más efectiva en la educación bilingüe, se explicaron debido a los siguientes factores:

(i) las nuevas tecnologías están más presentes en entornos AICLE para impulsar la construcción del conocimiento, ya que el alumnado tiene que afrontar el doble reto de aprender lengua y contenidos al mismo tiempo, por lo que

el profesorado amplía los recursos y sus repertorios didácticos (Ball, 2014) incluyendo los digitales;
(ii) la participación es fundamental en AICLE y "la tecnología en la educación se aprovecha mejor cuando se desarrolla en un ambiente que favorece la participación de los estudiantes" (Gimeno Sanz, 2009, p. 80) y
(iii) el foco en el aprendizaje de habilidades lingüísticas y cognitivas favorece el desarrollo de competencias digitales, de manera que "AICLE puede ayudar indirectamente a crear condiciones para la integración de las TIC" (Fernández Fontecha, 2012, p. 320), actuando así como catalizador de la adquisición de esta competencia clave para el aprendizaje a lo largo de la vida y la ciudadanía activa.

8.1.2. AICLE y el desarrollo de habilidades cognitivas

Existen evidencias en la literatura de investigación que apoyan el hecho de que los estudiantes bilingües, al tener que realizar un doble esfuerzo cognitivo para procesar información nueva a través de una lengua que también es nueva, se convierten en mejores aprendices. El AICLE parece contribuir a la flexibilidad cognitiva (Coyle et al., 2010), a la mejora de la memoria (Kormi-Nuori et al., 2008), al incremento de habilidades de resolución de problemas (Jäppinen, 2015) y al desarrollo de estrategias de pensamiento de orden superior (Mehisto & Marsh, 2011).

En el contexto español, para Muñoz (2002, p. 36), el "AICLE puede fortalecer el aprendizaje de las capacidades de procesar información" (p. 36). Grisaleña et al. (2009), por su parte, aplicaron el SILL (Strategy Inventory for Language Learning) a estudiantes de secundaria, y concluyeron que el alumnado bilingüe empleaba más estrategias de aprendizaje directas e indirectas que los estudiantes en programas ordinarios. Méndez (2014) en una investigación cualitativa muestra que, según el profesorado, el AICLE contribuye al desarrollo del pensamiento crítico y al fomento de habilidades de pensamiento de orden inferior y superior. En la misma línea, pero mediante un estudio cuantitativo de tipo censal, Nieto Moreno de Diezmas (2016) halló unos niveles en la competencia en aprender a aprender significativamente superiores en el alumnado bilingüe de educación secundaria, con resultados también significativamente más altos tanto en el dominio de estrategias cognitivas como en la adquisición de estrategias de aprendizaje.

8.1.3. Competencias emocionales y factores afectivos en AICLE

Son múltiples los estudios que conectan las competencias emocionales con el éxito escolar. Para Denham (2006, p. 85) "la competencia emocional también apoya el desarrollo cognitivo", y además, comporta beneficios en el plano personal, social y académico. Inicialmente, la competencia emocional se incluyó en el proyecto DeSeCo como una de las competencias seleccionadas por su contribución al aprendizaje a lo largo de la vida y Carblis (2008, p. 61) subraya que las competencias de inteligencia emocional ocupaban un lugar central en dicha selección.

Según el estudio de Nieto Moreno de Diezmas (2012), la educación bilingüe contribuye significativamente al desarrollo de la competencia emocional, puesto que el alumnado AICLE de educación secundaria obtiene resultados significativamente más altos en las dimensiones analizadas: conciencia emocional, regulación emocional, y relaciones interpersonales y resolución de conflictos. Estos resultados pudieron deberse al hecho de que la educación bilingüe promueve específicamente habilidades de comunicación, siendo la comunicación un elemento importante en la competencia emocional, y tales habilidades pudieron aplicarse a contextos no puramente lingüísticos.

Además de la competencia emocional, uno de los factores emocionales y afectivos más relevantes, debido a su conexión con el aprendizaje, es la motivación. Lasagabaster, Doiz y Sierra fueron precursores en el estudio de la motivación en AICLE en el ámbito español. Lasagabaster y Sierra, (2009), observaron que el alumnado bilingüe en educación secundaria se mostraba más motivado hacia el aprendizaje del inglés y Lasagabaster (2011) demostró la existencia de correlación entre el rendimiento en inglés y la motivación de los estudiantes en AICLE. Doiz, Lasagabaster y Sierra (2014) controlaron el estatus sociocultural y encontraron diferencias significativas a favor del grupo AICLE en todas las escalas (motivación intrínseca, extrínseca, ansiedad, orientación global) excepto en lo que concierne al apoyo de los padres. Un año más tarde, Lasagabaster y Doiz (2015) no observaron diferencias en la motivación hacia el inglés, pero sí hacia la asignatura de contenido impartida en inglés, hallazgo que concuerda con un estudio posterior en el contexto de la educación superior (García-Fernández et al., 2017).

La investigación de Fernández y Canga (2014) arroja resultados más favorables acerca de la motivación intrínseca y extrínseca hacia el aprendizaje del inglés por parte del alumnado bilingüe, mientras que Fernández (2014) detecta que la motivación general, intrínseca y extrínseca, es más alta en el alumnado bilingüe en educación primaria que en secundaria. El estudio de Navarro Pablo y

García Jiménez (2018) concuerda con el anterior en lo que respecta a la observación de mayor motivación del alumnado bilingüe hacia el aprendizaje del inglés, y una disminución de esta a medida que aumenta la edad de los estudiantes. También detectan una vinculación entre resultados de aprendizaje y motivación.

8.2. Atención a la diversidad en AICLE

Los estudios acerca de la atención a la diversidad en AICLE son muy recientes y han sido impulsados principalmente por la investigadora Marisa Pérez Cañado, quien inicia esta línea de investigación alertando sobre esta cuestión y de cómo podría afectar a la eficacia y sostenibilidad de estos programas (Pérez Cañado, 2018b). Para paliar la laguna existente en esta área y proporcionar guías pedagógicas y buenas prácticas, Pérez Cañado dirigió el proyecto ADiBE, cuya contribución es fundamental tanto a nivel nacional, como europeo.

Una nota favorable respecto de la inclusión, se detectó en el trabajo de Nieto Moreno de Diezmas (2019). El estudio fue realizado en educación primaria, y los datos del alumnado bilingüe provenían de colegios de cinco provincias españolas. Todo el alumnado de estos colegios recibía enseñanzas de AICLE, por lo que no hubo posibilidad de segregación o distinción entre alumnado bilingüe y no bilingüe. Los datos mostraron que, al distribuir al alumnado en seis niveles de competencia, los estudiantes AICLE se situaban predominante en las bandas medias y medio-altas de rendimiento, al contrario que en las enseñanzas no bilingües, que registraban un mayor porcentaje de alumnado en las bandas altas y en las bandas más bajas. Ello significa que el AICLE contribuyó a reducir la brecha entre el alumnado con mayor y menor nivel de inglés, y a evitar el fracaso escolar, ya que el alumnado en las bandas bajas de rendimiento en inglés era prácticamente inexistente.

Por su parte, la investigación de Madrid y Pérez Cañado (2018) contribuyó al campo de estudio mediante la indagación acerca de las estrategias de atención a la diversidad en contextos bilingües, hallando las siguientes: división de la clase en grupos flexibles, andamiaje, adaptaciones curriculares, y el uso de metodologías como el aprendizaje basado en tareas y en proyectos. Martín-Pastor y Durán Martínez (2018) estudiaron los documentos oficiales de 60 centros de educación primaria y encontraron que las estrategias más mencionadas fueron: flexibilizar el currículo, establecer actividades de refuerzo individuales y recurrir a la L1 para explicar contenidos. Más preocupantes son las recomendaciones detectadas en los centros que contradicen el principio de inclusión tales como aconsejar al alumnado con dificultades que abandonara el programa y separar a los grupos en bilingües y no bilingües en todas las asignaturas.

Por su parte, Pérez Cañado (2021) realizó un estudio con 2526 profesores, estudiantes y padres en 59 escuelas de educación secundaria en seis países europeos: Austria, Finlandia, Alemania, Italia, España y el Reino Unido. La triangulación de los datos mostró que las estrategias más empleadas para atender a la diversidad fueron el andamiaje, el uso de metodologías centradas en el estudiante y la implementación de una evaluación formativa. Las áreas más problemáticas giraron en torno a la evaluación sumativa, el sistema de apoyo escolar, la adaptación de materiales y la formación docente, a pesar de que alumnado y familias valoró bastante positivamente al profesorado en lo que respecta a su preparación y al esfuerzo para atender a la diversidad. La conclusión principal de la investigación es que, aunque hay diferencias en el tratamiento de la inclusión y la selección de estudiantes en los programas AICLE europeos, la atención a la diversidad es, globalmente, un área de mejora. Es preciso avanzar en el diseño de medidas que tengan debidamente en cuenta la diferenciación educativa.

Para ello, detectar buenas prácticas y aprender de ellas a nivel transnacional, se erige como estrategia fundamental para poder atender a la diversidad, uno de los retos principales del AICLE de cara al futuro. No obstante, es necesario destacar que la investigación revela que, a pesar de los discursos mediáticos que cuestionan la validez del enfoque (ver 5.1), la educación bilingüe sigue siendo vista como prestigiosa y valiosa, por lo que es fundamental continuar aspirando a la mejora y calidad del proceso educativo en estos entornos para garantizar su sostenibilidad.

8.3. AICLE y reducción de brechas debido al género y ubicación rural. AICLE y nivel sociocultural

Aunque son escasos los estudios que analizan el AICLE desde una perspectiva de género, las investigaciones sugieren que el AICLE contribuye a reducir la brecha de género en dos sentidos. En primer lugar, parece contribuir a disminuir las diferencias entre alumnos y alumnas en el aprendizaje del inglés. Existen estudios que muestran mejores resultados de las chicas frente a los chicos en enseñanzas ordinarias, pero en los entornos AICLE, estas diferencias se disipan (Lasagabaster, 2008), debido, posiblemente, a la integración de elementos lingüísticos (en los que las chicas muestran mayor capacidad) con otros de contenido, que pudieran ofrecer otros escenarios en los que los chicos se desenvuelven con mayor comodidad.

En segundo lugar, nivela las diferencias que se detectan a favor de los chicos en ciertas asignaturas y áreas. Así, por ejemplo, Nieto Moreno de Diezmas y Hill (2019) detectaron que en las enseñanzas ordinarias de educación primaria existían diferencias significativas a favor de los chicos, en el aprendizaje de las ciencias, mientras que esas diferencias se equilibraban en el programa AICLE, en el que no se detectaban diferencias significativas entre el desempeño de chicos y chicas. Este efecto nivelador parece derivarse del carácter híbrido de CLIL y del doble foco en la lengua y en los contenidos. Del mismo modo, el trabajo de García-Calvo Rojo y Nieto Moreno de Diezmas (2021) demuestra que, al contrario que en estudios previos que mostraban que los chicos estaban más motivados que las chicas en la asignatura de educación física en enseñanzas ordinarias, en contextos de educación física bilingüe, son las chicas las que se muestran más motivadas. El estudio del AICLE desde una perspectiva de género emerge como un área de gran interés y merece mayor escrutinio.

En cuanto al impacto del AICLE sobre la brecha relacionada con la ubicación rural/urbana, el estudio de Pérez Cañado (2018a) sugiere que la enseñanza bilingüe contribuye a la nivelación de resultados en uno y otro contexto. Pérez Cañado (2018a) detecta que el tipo de centro rural/urbano influye en las habilidades productivas y receptivas en la lengua materna las enseñanzas ordinarias. Sin embargo, en la enseñanza bilingüe, no existen diferencias significativas, de manera que el alumnado en contextos rurales aprende del mismo modo que el ubicado en zonas urbanas. El AICLE podría ser, por tanto, motor de igualdad de oportunidades. Más estudios serían necesarios para profundizar sobre las causas de estos hallazgos.

En cuanto al nivel sociocultural, algunos estudios como el de Anghel et al. (2016) y Fernández-Sanjurjo et al. (2017) parecen sugerir que AICLE despliega efectos negativos para el alumnado con niveles socioculturales más bajos. Estudios recientes como el de Pérez Cañado (2018a) vienen a cuestionar estas conclusiones, ya que muestra que el bajo nivel sociocultural impacta negativamente en los resultados de aprendizaje, tanto en las enseñanzas bilingües como en las ordinarias. Dada la controversia a este respecto, se requiere de más estudios que aporten luz sobre esta cuestión.

En definitiva, la implementación de la enseñanza bilingüe ha ido ganando peso a lo largo de los años en los siguientes aspectos: 1) aumento del número de alumnado bilingüe y de centros educativos que la han implantado, 2) definición de principios metodológicos, buenas prácticas y disposición de recursos, 3) formación inicial y continua del profesorado y 4) investigación sobre su efectividad en diversos aspectos (aprendizaje de la lengua meta, desarrollo de la lengua materna, adquisición de competencias y contenidos, motivación, nivelación de diferencias debidas a aspectos contextuales, atención a la diversidad, etc.). Es el momento de valorar todas estas aportaciones y continuar avanzando mediante la profundización en los procesos de mejora ya emprendidos tanto en lo que respecta a las políticas y diseño de los programas, como a su implementación en el aula.

Referencias

Anghel, B., Cabrales, A., & Carro, J. M. (2016). Evaluating a bilingual education program in Spain: The impact beyond foreign language learning. *Economic Inquiry, 54*(2), 1202-1223. https://doi.org/10.1111/ecin.12305

Ball, Ph. (2014). CLIL and Competences: Assessment. En British Council, *CLIL Policy and Practice: Competence-based education for employability, mobility and growth* (pp. 76-80).

British Council. (2014). *CLIL Policy and Practice: Competence-based education for employability, mobility and growth.*

Carblis, P. (2008). *Assessing emotional intelligence. A competency framework for the development of standards for soft skills.* Cambria Press

Clegg, J. (2014). The Role of CLIL in Developing Language and Cognitive Skills in the Curriculum. En British Council, *CLIL Policy and Practice: Competence-based education for employability, mobility and growth* (pp. 83-94).

Coyle, D., Hood, P. & Marsh, D. (2010). *CLIL: Content and Language Integrated Learning.* Cambridge: CUP.

Denham, S. E. (2006). The emotional basis of learning and development in early childhood education. En B. Spodek, &. O.N Saracho (Eds.), *Handbook of research on the education of young children* (pp. 85-100). Lawrence Erlbaum Associates.

Doiz, A., Lasagabaster, D., & Sierra, J.M (2014). CLIL and motivation: The effect of Individual and contextual variables. *Language Learning Journal, 42*(2), 209-224.

Fernández, A. (2014). Receptive vocabulary knowledge and motivation in CLIL and EFL. *Revista de Lingüística y Lenguas Aplicadas, 9,* 23-32.

Fernández, A. & Canga, A. (2014). A preliminary study on motivation and gender in CLIL and non-CLIL types of instruction. *International Journal of English Studies, 14*(1), 21-36.

Fernández Fontecha, A. (2012). CLIL in the Foreign Language Classroom: Proposal of a Framework for ICT Materials Design in Language-Oriented Versions of Content and Language Integrated Learning. *Alicante Journal of English Studies, 25,* 317-334. https://doi.org/10.14198/raei.2012.25.22

García Fernández, B., Nieto Moreno de Diezmas, E. y Ruiz-Gallardo, J.R. (2017). Mejorar la motivación en ciencias con enseñanza CLIL. Un estudio de caso. *Enseñanza de las Ciencias. Nº Extraordinario,* 2625-2630.

García-Calvo Rojo, S., & Nieto Moreno de Diezmas, E. L. (2022). Educación Física Bilingüe-AICLE a través de la enseñanza comprensiva de los juegos: análisis comparativo de la satisfacción intrínseca por edad y género. *Retos, 46,* 458–466. https://recyt.fecyt.es/index.php/retos/article/view/91685

Gimeno Sanz, A. (2009). How can CLIL benefit from the integration of Information and Communications Technologies? En L. Carrió (Ed.), *Content and Language Integrated Learning Cultural Diversity* (pp 77-102). Vol. 92. Peter Lang..

Grisaleña, J., Campo, A. & Alonso, E. (2009). Enseñanza plurilingüe en centros de educación secundaria: análisis de resultados. En *Revista Iberoamericana de Educación, 49*(1), 1-12.

Jäppinen, A. K. (2005). Thinking and content learning of mathematics and science as cognitional development in content and language integrated learning (CLIL): Teaching through a foreign language in Finland. *Language and Education, 19*(2), 147–168. https://doi.org/10.1080/09500780508668671

Kormi-Nouri, R., Shojaei, R.S., Moniri, S., Gholami, A.R., Moradi, A.R., Akbari Zardkhaneh, Saeed, C., & Nilsson, L.G. (2008). The effect of childhood bilingualism on episodic and semantic memory tasks. *Scandinavian Journal of Psychology, 49,* 93-109.

Lasagabaster, D. (2008). Foreign language competence in content and language integrated learning. *Open Applied Linguistics Journal, 1,* 31–42. https://doi.org/10.2174/1874913500801010030

Lasagabaster, D. y Sierra, J. M. 2009. Language attitudes in CLIL and Traditional EFL classes. *International CLIL Research Journal, 1*(2), 4-17.

Lasagabaster, D. (2011). English achievement and student motivation in CLIL and EFL settings. *Innovation in Language Learning and Teaching, 5*(1), 3-18.

Lasagabaster, D., & Doiz, A. (2015). A Longitudinal Study on the Impact of CLIL on Affective Factors. *Applied Linguistics, 59,* 1–26. doi: 10.1093/applin/amv059

Madrid, D., & M. L. Pérez Cañado, M.L. (2018). Innovations and Challenges in Attending to Diversity Through CLIL. *Theory Into Practice , 57*(3), 241–249.

Martín-Pastor, E., & Durán Martínez, R. (2018). La inclusión educativa en los programas bilingües de educación primaria: un análisis documental. *Revista Complutense de Educación , 30*(2), 589–604.

Mehisto, P. & Marsh, D. (2011). Approaching the economic, cognitive and health benefits of Bilingualism: Fuel for CLIL. En Y. Ruiz de Zarobe, J. Sierra, & F. Gallardo del Puerto (Eds.), *Content and Foreign Language Integrated Learning* (pp. 21-48). Peter Lang.

Méndez García, M.C. (2014). A case study on teachers' insights into their students' language and cognition development through the Andalusian CLIL Programme. *Porta Linguarum, 22,* 23-39.

Mittendorfer, F. (2014). Competence Matters: Signposting the Road to Learner Empowerment. En British Council, *CLIL Policy and Practice: Competence-based education for employability, mobility and growth* (95-97).

Muñoz, C. (2002). Relevance & Potential of CLIL. En D. Marsh (Ed.), *CLIL/ EMILE – The European Dimension. Actions, Trends and Foresight Potential* (pp.33-36). European Commission.

Nieto Moreno de Diezmas, E. (2012) CLIL and the development of emotional competence, *Miscelanea, a Journal of English and American studies*, 45, 53-73.

Nieto Moreno de Diezmas, E. (2016). The impact of CLIL on the Acquisition of the Learning to Learn Competence in Secondary School Education in the bilingual programmes of Castilla-La Mancha, *Porta Linguarum*, 25, 21-34..

Nieto Moreno de Diezmas, E. (2018). Exploring CLIL contribution towards the acquisition of cross-curricular competences: a comparative study on digital competence development in CLIL. Revista de lingüística y lengua aplicadas, 13, pp. 75-85.

Nieto Moreno de Diezmas, E. (2019) The effect of CLIL on the distribution of primary students in language proficiency levels: A case study in Castilla-La Mancha. In A. Jiménez-Muñoz & A. C. Lahuerta Martínez (eds.) *Empirical studies in multilingualism. Analysing contexts and outcomes* (pp. 73-101). Peter Lang. https://doi.org/10.3726/b15231

Nieto Moreno de Diezmas, E., & Hill, T.M. (2019). Social Science learning and gender-based differences in CLIL. A preliminary study. *Estudios de lingüística inglesa aplicada (ELIA)*, 19, 177-204. http://dx.doi.org/10.12795/elia.2019.i19.08

Nieto Moreno de Diezmas, E. (2021). Are CLIL settings more conducive to the acquisition of digital competences? A comparative study in primary education. En M.L. Pérez Cañado (Ed.), *Content and Language Integrated Learning in monolingual settings: New insights from the Spanish context* (pp. 53-70). Springer International Publishing. https://doi.org/10.1007/978-3-030-68329-0_4 978-3-030-68328-3

Pérez Cañado, M. L. (2018a). The effects of CLIL on L1 and content learning: Updated empirical evidence from monolingual contexts. *Learning and Instruction*, 57, 18–33. https://doi.org/10.1016/j.learninstruc.2017.12.002

Pérez Cañado, M. L. (2018b). CLIL and Pedagogical Innovation: Fact or Fiction? *International Journal of Applied Linguistics*, 28, 369–390.

Pérez Cañado, M. L. (2020). What's hot and what's not on the current CLIL research agenda: Weeding out the non-issues from the real issues. A response to Bruton (2019). *Applied Linguistics Review*. https://doi.org/10.1515/applirev-2020-0033

Pérez Cañado, M. L. (2021) Inclusion and diversity in bilingual education: a European comparative study. *International Journal of Bilingual Education and Bilingualism.* https://doi.org/10.1080/13670050.2021.2013770

www.ingramcontent.com/pod-product-compliance
Ingram Content Group UK Ltd.
Pitfield, Milton Keynes, MK11 3LW, UK
UKHW041913140426
5217IPUK00002B/22